東日本国際大学東洋思想研究所——編

いわきから問う東日本大震災

フクシマの復興と日本の将来

昌平黌出版会

はじめに

福島県いわき市に本拠をおく学校法人昌平黌（以下、本学）は、明治三六年、田邊新之助によって開学され、今年で一一〇周年を迎えます。この間、平成二三年の東日本大震災を乗りこえ、福島県浜通りの知の拠点として儒学の精神を柱に、学問の研鑽《けんさん》に努めてまいりました。

この成果は、『3・11からの挑戦』（「財界21」）、東日本国際大学東洋思想研究所・儒学文化研究所紀要『研究　東洋』というかたちで新たな果実を生み出し、幸いにも幅広いご支持を得ることができました。国内外を問わず、広く学問の成果を取りこみ、発信してきた本学の成果が一定の評価を得たものと自負しております。

しかし震災は、福島県浜通りにいまだに多くの解決すべき課題を残していきました。知の拠点としてできることはまだまだある、またなすべき使命を帯びている、という思いをわれわれは日々痛感してまいりました。そこで今回、本学としてできることは何かと問い、ここに昌平黌出版会を発足する運びとなりました。その記念すべき第一冊として刊行されるのが、この『いわきから問う　東日本大震災――フクシマの復興と日本の将来』です。

〝フクシマ〟で起こった出来事は日本のどこでも起こり得ることです。復興に向かうフクシマの歩みは近未来の日本の姿でもあるのです。エネルギー・核廃棄物・過疎化・コミュニティーの崩壊・日本人の災害観・社会の中での死の捉え方、そして経済コストと政治の問題は一石を投ずるに値するものであると思います。

震災以降、多くの先生方に講演をしていただき、またご意見を寄稿していただいた成果を一冊にまとめ、被災地から積極的に問題提起をしようと試みた成果が、本書です。まず吉岡斉先生には政府の福島原発事故調査・検証委員を務められた視点から、「脱原子力発電への道」をご寄稿いただきました。ご専門の立場からきわめて具体的に原子力発電のかかえる問題点を指摘していただいた作品です。次に中島岳志先生には、震災から一年後の三月一〇日に本学で開催されたパネルディスカッションの基調講演をしていただき、地元で生きる人々の土地への愛着の重要性を教えられる機会となりました。次に、木村政昭先生の論考も「巨大地震はなぜ予測されなかったか？」という題で本学交誼《こうぎ》会で講演をお願いしたものをもとにした原稿です。木村先生もまたご自身のご専門の立場から、今回の巨大地震の予知は可能だったのではないかという問題提起をしていただきました。

松本健一先生には、本学文化祭で「ユートピアではなく、故郷がほしい！」と題した講演をお願いし、震災のもつ文明史的な意味を問い直す視野の広いお話をいただきました。つづく末木文美士先生の「災害と日本の思想」に関する原稿とともに、両先生方には、震災の問題を人間と自然、ふるさと、そして宗教など人間の根本問題にまで深く掘り下げた論考をここに掲載させていただくことができました。そして最後に、本学東洋思想研究所所長・松岡幹夫先生による「宗教と震災復興」を掲載しています。震災の問題は、実害にくわえて心の問題にも目をむける必要があります。その時、精神を強靱《きょうじん》にする思想的土壌である宗教がどういう役割を果たせるかを問いかけてくる文章です。

パネリストの先生方を含む、以上一〇名の先生方による寄稿と講演をまとめることができたことは望外の喜びであります。震災を自然科学の立場から、人間の心の復興をめぐる問題にいたるまで幅広く考えるための格好の問題提起が、本書にはあると確信しています。私たちが今、改めて東日本大震災とは何だったのかを問い直すための一助になれば幸いです。

東日本国際大学学長
いわき短期大学学長
田久　昌次郎

目次

いわきから問う
東日本大震災

脱原子力発電への道

吉岡斉

YOSHIOKA Hitoshi

はじめに

福島原発事故を契機に、国民世論の多数意見が、脱原子力発電を支持するようになった。脱原子力発電とは読んで字の如く、原子力発電をゼロにしていくことを指す。いつまでにゼロにすべきかについて、国民意見は分かれている。すべての発電用原子炉の再稼働を認めず廃止に追い込む「ハード・ランディング」を是とする者もいれば、ドイツ式の「ソフト・ランディング」を是とする者もいる。

両者の相違の主たる理由は、脱原発という価値と、他の諸価値との間の重要度の差に関する見解の相違であると思われる。たとえば核エネルギーの化身である原発に強い拒否感を抱く者は、原発に付随する他の諸価値についての判断にかかわらず、即時廃止を是とする方向に傾くだろう。それに対して拒否感がさほど強くない者は、廃止までに一定期間の猶予を与えてもよいと判断する方向に傾くだろう。

もちろん安全リスク認識の温度差だけですべてが決まるわけではないが、それが最も主要な要因であることは明らかである。そうした温度差のセンサーとなりうるのが、放射線の健康影響（とりわけ内部被ばくの健康リスク）や、地震による損傷可能性に関する、論者の間の見解の相違である。筆者からみれば、これらは明確な回答を出すことが不可能な問題であり、したがって深入りするのは時間の無駄である。それらの論点を避けても、脱原発の妥当性を説くことには何の困難もない。

しかし２つの路線は、「遠からず全廃」という考え方において一致しており、差はあるが大差はないと言ってよい。ちなみに「ソフト・ランディング」路線をとるドイツでは、２０１２年の改正原子力法において、２０２２年までに9基から0基へと段階的に漸減させていくと規定されている。つまり全廃までの猶予期間として10年が与えられている。この時間間隔は十分に短いと筆者は考える。

この小論では主に以下の３点について論ずる。まず第１に、福島原発事故の概要について事故２年後の高みに立って改めて整理する。筆者は政府の東京電力福島原子力発電所における事故調査・検証委員会（政府事故調）の委員を２０１１年６月から２０１２年９月まで務めたが、そこで初めて明らかになったことも記述に含めている。第２に福島原発事故の教訓について述べる。第３に、福島原発事故の政策的意味について論じたうえで、脱原子力発電への具体的な道筋について素描する。

1　福島原発事故の概要

(1)東日本太平洋沖地震の発生

２０１１年3月11日午後2時46分に発生した東日本太平洋沖地震によって、東日本太平洋岸の原子力発電所は軒並み、危機的状況に陥り、そのなかでも福島第一原発の１・２・３号機は放射能を大量放出する過酷事故を起こした。

福島第二原発（東京電力）では、津波の波高は敷地標高以下であったが、坂を駆け上る津波による建築物・機器の被害は大きかった。外部電源が1系統のみ地震による損傷を免れ、他の系統も早めに復旧したのが幸いだった。これらと無数のモーター・ポンプを、送電線でつなぐ作業を3日間行って、事なきを得た（なお外部電源とは、発電所外部からの送電線による電力供給を指す。発電機自体が停止するとは限らない。電気電力関係の専門用語は、日本語として不自然なものが多い）。

東海第二原発（日本原子力発電）は、全外部電源を喪失した。からくも津波が防潮堤を越えなかったので、非常用ディーゼル発電機の稼働により事なきを得た。だが直前に行われたコンクリート壁の嵩上《かさあ》げ工事（２０１０年）がなければ、福島第一と同様の状態に陥っていたとみられる。

女川《おながわ》原発（東北電力）では、津波の高さが、かろうじて敷地の標高（14・8メートル）を下回った。波高は13メートルに達し、1メートルの地盤沈下があったため、わずか80センチの差で生き延びた。なお外部電源は地震で大部分が損傷し1系統のみが生きていた。

これらの原発が間一髪助かったものの、福島第一原発は破局的な事態に陥った。福島第一原発で運転中だった1～3号機では、地震動を検知して制御棒が自動的に挿入された。これをスクラムという。そして無事、原子炉停止に至った。なお4～6号機は定期検査中で停止していた。うち4号機の炉心は空だった。

(2) 福島第一原発の危機

しかし地震によって福島第一原発は、本部建屋（1～4号機の敷地と、5・6号機の敷地の中間の丘の上にあった）が大破して使用不能となった。そこで近くの免震重要棟（10カ月前に完成していた）が、オンサイト（発電所内）司令部としての役割を果たすこととなった。免震重要棟が未完成だったなら、事故収束作業は全く不可能となっていただろう。これは幸運であった。

この地震によってすべての外部電源が失われた。ディーゼル発電機が直ちに稼働したが、約1時間経過した3時35分ごろに巨大津波（津波の第二波）が襲来し、1～5号機ではすべての非常用ディーゼル発電機からの送電が停止し、全交流電源喪失（ステーション・ブラックアウト、SBO）状態に陥った（6号機のみ1基の非常用ディーゼル発電機からの送電系統が生き残った）。なお動力用ではなく制御用として使う直流バッテリー（大型バッテリーを多数配置している）も、1・2・4号機では機能を停止した。つまりこの3基は文字通りの全電源喪失状態となった。

原子炉停止に成功しても、核分裂生成物から大量の崩壊熱が発生する。したがって原子炉を冷却し続けなければ、炉心の温度は上昇を続ける。セ氏900度を超えると核燃料棒の鞘のジルコニウム合金が酸化発熱反応を起こして大量の水素を発生させる。またセ氏2800度を超えると二酸化ウランが溶融し、鉄合金でできた圧力容器の底部へ向けて落下する。これをメルトダウンと呼ぶ。溶融した核燃料が圧力容器（鉄の融点はウランの融点よりもはるかに低いセ氏約1500度）の底部を突き抜けることを、メルトスルーと呼ぶ。

このような現象が炉心で進むと、圧力容器内に大量の放射性ガスが発生し、逃がし安全弁（S／R弁）が自動的に開き、格納容器内にガスを放出する。手動で弁を開いて圧力容器を減圧することもできる。だがその回数を重ねることにより格納容器内の圧力が上昇し、破壊リスクが高まる。それを避けるためのガス抜きがベントと呼ばれる作業であり、それは放射性ガスを環境に放出することを意味するが、格納容器の破壊を避けるための最後の手段であり、背に腹は代えられない。

こうした過酷事故（原子炉施設に備わっている手段では、適切に炉心を冷却・制御できない状態になり、炉心溶融や格納容器破損に至る可能性が高まった状態、またはそれが現実化した状態を指す）の進展を食い止めるには、炉心にひたすら冷却水を注入し続けるしかない。しかし全交流電源喪失により、電動式の冷却装置は使用できなくなった（5・6号機のみ、6号機のディーゼル発電機の共用によって冷却装置を動かすことができた）。そこで頼みの綱となったのが、水蒸気で駆動する冷却装置であった。

1号機には非常用復水器（IC）、2・3号機には隔離時冷却系（RCIC）があった。その他に高圧注水系（HPCI）も、すべての原子炉に装備されていた。なおこれら水蒸気駆動の冷却装置は、海水ポンプにより熱を外部に逃がさなければ次第に冷却水が高温になり、やがて熱平衡状態となり機能を停止するという弱点を抱えていた。これらに加え、原子炉に1基ずつ設置されているディーゼル・エンジン駆動消火用ポンプ（D／DFP）も、駆動に電力を必要とせず、緊急時において炉心への冷却水注入に転用可能であった。

このように原子炉には、停電時においても冷却機能を維持するための、多くの種類の装置が設置されている。原子炉が配管の化け物と言われるゆえんである。一見して完璧な防護体制である。しかし福島第一原発においては、電力なしで作動する装置についても、その一部しか機能しなかった。1号機の非常用復水器（ＩＣ）は、ほとんど機能しなかったと推定される。2・3号機の隔離時冷却系（ＲＣＩＣ）はかなりの時間にわたり作動したが、時間の経過とともにその機能が低下し、最終的には停止した。高圧注水系（ＨＰＣＩ）は1・2号機では機能せず、3号機でのみ機能したが、一時的であった。ディーゼル・エンジン駆動消火用ポンプ（Ｄ／ＤＦＰ）は全く機能しなかった。Ｄ／ＤＦＰが役立たなかった原因は不明であるが、その水源が遠方の濾過水タンクであったため、地震によって配管が破損したのではないかと推定される。

なお外部電源や非常用ディーゼル発電機からの電力が途絶え、また電力以外を動力とする装置が機能しなくなっても、配電盤とそこから電動式の冷却装置につながる電気系統が生きていれば、そこに電源車を接続することにより、原子炉冷却を行うことができる。しかし電気系統が津波をかぶり機能停止に陥った。こうして頼みの綱は、消防車（ホースを配管の注水口に接続してポンプを駆動する）のみとなったのである。そしてその水源として十分な水量を確保できるのは海水のみだった。

大きな流れで見れば、冷却装置の多くが地震・津波で使用不能となり、生き残った冷却装置も時間の経過とともに機能を停止していった。そして消防車による炉心への海水注入も間に合わず、1・3・2号機の順で次々とメルトダウンに至り、また3号機メルトダウンに誘発される形で4号機水素爆発が起きた、と言える。

（3）各号機における事故の進展

まず1号機は、ＩＣが生きていたものの、津波の襲来により自動的に4つのバルブが閉鎖した。そのことに原子炉中央制御室（運転員）、現地司令部（免震重要棟）、東電本店、首相官邸など政府機関、のいずれも思い至らず、冷却水注入がなされていると思い込んだため、炉心の空だきが進行し、3月11日当日中にメルトダウンが始まり、それにともなって発生した水素ガスが圧力容器から格納容器を経て原子炉建屋上部にたまり、12日午後3時36分に水素爆発を起こした。ただし直前のベント成功のおかげで格納容器の大破壊は免れたと考えられる。ＩＣの状態に関係者の注意が向いていれば、あと1～2日程度は炉心への注水を続け、メルトダウンを遅らせることができたであろう。その間に適切な措置（Ｓ／Ｒ弁開放による原子炉減圧を前提とした消防車注水の迅速な実施）が講じられていれば、メルトダウンに至らずに済んだ可能性も皆無ではない。

3号機では、隔離時冷却系（ＲＣＩＣ）が津波から20時間後に自動停止したが、それに代わりＨＰＣＩが起動した。しかし14時間後（13日午前2時42分）に中央制御室（運転員）

がＨＰＣＩ（長時間の作動は無理とみられていた）を手動停止し、その代替冷却装置Ｄ／ＤＦＰの起動に失敗し、消防車も準備していなかったため、注水がなされぬまま空だきが進行し、13日朝にはメルトダウンに至った。そして14日11時01分に水素爆発で原子炉建屋が吹き飛んだ。代替冷却装置が機能するかどうかを確かめずにＨＰＣＩを切ったことが、破局に至るペースを大幅に早めた。ただし直前のベント成功により、格納容器の大破壊は免れたと考えられる（1・3号機の水素爆発については、ベントラインの弁を介した原子炉建屋への水素の逆流の可能性もあるが、格納容器上蓋からの漏洩の可能性が高い）。

2号機では、隔離時冷却系（ＲＣＩＣ）が3月14日昼頃まで作動し続けた。だが圧力抑制室（Ｓ／Ｃ）の水蒸気の温度・圧力が次第に高まり、それにともない隔離時冷却系（ＲＣＩＣ）の機能が低下していった。中央制御室（運転員）はそれを常時監視していなかった。もちろん十分な時間的猶予があったため、2号機ではベントラインや消防車による注水ラインが準備された。だがより危機的状況にある他の号機での対応行動が優先されたため、スタンバイ状態に置かれた。しかし3号機爆発により注水ライン・ベントラインが損傷した。それらを急いで修復し、ＳＲ弁を開放し、消防車による注水を開始したものの、空だきは進行し、メルトダウンが14日夕刻までに生じたとみられる。そして圧力容器・格納容器の損傷が進んだ。この間、ベントがどうしても成功せず、格納容器の大破壊の危険性が高まった。

この事態は吉田昌郎所長をはじめ関係者の回顧によれば、福島原発事故の中で最大の危機であった。もしそれが起きれば周辺地域での収束作業は不可能となり、福島第二原発の4基を含む10基の原子炉の冷却作業は放棄されることになり、放射性ガスが際限なく放出される状態となり、首都圏を含む東日本一帯が無人地帯になると、ほとんどの関係者は考えたものとみられる。筆者自身も14日昼過ぎから、その可能性について現代史のメーリングリストで言及するようになった。NHKなどテレビ報道では楽観的情報が垂れ流されていたが、原子力技術についての基本的知識があれば、情報が乏しくても最悪の事態について容易に予測できるのである。

3月14日深夜から未明にかけて関係者の危機感はピークに達した。しかし格納容器の大破壊は起こらず、その代わりに15日朝6時ごろに中規模の破壊が起こり、この事故における最大量の放射能が放出された。なお2号機では原子炉建屋のブローアウトパネルが1号機爆発によって脱落したため、水素ガスがそこから外に放出され、爆発は起きなかった。2号機については、津波到来からメルトダウンまで3日間もの猶予があったのだから、その間に減圧、ベント、消防車からの注水を迅速に進めていれば、メルトダウンを未然に防ぐ可能性はあった。

最後に4号機については、炉心の核燃料が抜かれていたため、あまり注意が向けられていなかったが、3月16日6時10分ごろに突如原子炉建屋が爆発した。それはメルトダウンした3号機から流入した水素ガスによる爆発と考えられている。4号機のベントラインは3号機と共用であるが、ベントラインにつながっていた非常用ガス処理系（SGTS）の弁から、水素ガスが逆流して4号機原子炉建屋に流れ込んだとみられている。これを「自爆ベント」と呼ぶ専門家もいる。ベントラインという安全装置を設置したことがかえって、無用の爆発を招いたからである。この爆発を契機に、今まで死角となっていた核燃料貯蔵プール（建屋爆発により外気と直接つながっていた）の危険性がぜん注目されるようになり、放水・注水作業が急遽《きゅうきょ》進められることとなった。

2　福島原発事故の教訓

(1)　事故の直接的原因

⑴ 事故対策の不備　福島原発事故の直接的原因は、地震・津波により原子炉システムの多くの箇所が同時に破損・被水などにより機能を失ったことと、それが「超過酷事故」に発展することを阻止する作業が不調に終わったことである。ここで超過酷事故とは、

筆者の造語である。過酷事故の中でも、実際にすべての閉じ込め機能が喪失し、大量の放射能が放出される事故を、超過酷事故と呼ぶ。この定義からみると、たとえば米国スリーマイル島原発事故は、超過酷事故ではなく、通常の過酷事故にとどまった。

地震・津波による影響については、自然的要因と人為的要因の2つが重なり合っている。人為的要因とは、最悪のケースを想定して万全の防災対策を立てていなかったということである。その防災対策は、ハードウエア（物理的装置）とソフトウエア（組織体制）の2種類が組み合わされたものだが、いずれにおいても不備が多かった。そうした防災対策上の不備にもかかわらず、そのハンディキャップを乗り越えて、賢明な事故対処活動が展開されることもありえたが、実際の事故対処活動においては不手際が目立った。

以上の観点から福島原発事故における具体的な問題点を整理してみる。まず防災対策の不備については、過酷事故自体が「想定外」だったため、防災の観点から実施されてしかるべき多くのハード・ソフト両面での対策が、実施されておらず、いわば無防備状態で巨大地震・津波に襲われた。この事態を「無いこと尽くしの原子炉防災対策」と表現することができる。とくに次の3点が重大である。

第1に、原子力災害対策特別措置法（原災法）に規定された、政府主導のクライシス・マネジメント（危機管理）体制が機能しなかった。そもそも原災法は、1999年のJC

O事故を念頭において作られたものであり、そこでは大量の放射能を環境に放出するような超過酷事故は想定されておらず、せいぜい1979年の米国スリーマイル島原発事故まででしか視野に入れていなかった。そのため原子炉の直近に、粗末な造りの緊急事態応急対策拠点施設（オフサイトセンター）を置き、それがたちまち使用不能になるという失態を演じた。オフサイトセンターという発想そのものが、中小規模の事故しか想定しておらず、国家の総力をあげて対処すべき事態への備えがなかった。東京に統合総司令部をつくるという発想がなかった。

第2に、住民避難について原発から10キロメートル以内の地域しか想定していなかった。原子力防災計画は都道府県ごとに立てられるが、防災対策を重点的に実施すべき地域（EPZ Emergency Planning Zone）の範囲が、原子炉から約8〜10キロメートルと決められている。福島原発事故では10万人以上の住民が広域的な避難を余儀なくされたが、輸送力・収容力において著しい不足を来した。

第3に、地震・津波対策、およびアクシデント・マネジメント（緊急時過酷事故対処）対策が不十分だった。

まず津波対策についていうと、福島第一原発は3・1メートルの設計波高に基づき、標高10メートルに建設された。その後、設計波高は5・7メートルに改訂されたが、非常用海水系ポンプの嵩上げ工事が行われただけだった。その後2度にわたり（2002、2006）、津波評価を見直すチャンスがあったが、東京電力はそのチャンスを逃した。地震対策も明らかに不十分だったが、それが福島原発事故の主要な要因となったことの有力な証拠は今のところ得られていない。国会に設置された東京電力福島原子力発電所事故調査委員会の報告書には、地震の影響が大きかった可能性について長文の考察が加えられているが、有力な状況証拠を示すことに成功していない。

アクシデント・マネジメント対策に関しては、想定するアクシデントが、内的事象（機械故障、人的過誤）に起因するもののみに限定され、外的事象（火災、地震など）を除外していた。さらにアクシデント・マネジメントは規制上の要求ではなく、電力会社の自主保安の一環とされた。

(2) 対処活動の不手際　次に事故対処活動の不手際について整理する。それは3項目に分けられる。

第1は指揮系統の麻痺《まひ》である。首相執務室（官邸5階）が、事故対処活動の実質的な司令部となったが、情報が入ってこないばかりか、専門家による意思決定サポートも、有能な専門家の不在のため有効に機能しなかった。首相執務室をサポートすべき、事故対策本部緊急参集チーム（官邸地下1階）、経済産業省原子力安全・保安院に設置されたERC（緊急時対応センター）、東京電力本店、オフサイトセンター（現地対策本部）が、いずれも機能障害に陥った。首相の現地視察強行（3月12日朝）および、全員撤退をめぐるコミュニケーション障害（3月15日未明）など、ちぐはぐな出来事もあった。15日朝に東京電力本店内に事故対策統合本部が設置されてからようやく指揮系統が機能するようになった。

2つのちぐはぐな出来事について筆者はこう考える。前者については結果次第では大失態たりえたが、視察中に大過はなかった。また原発から離陸後にヘリコプターが三陸海岸一帯の上空を飛行したことにより、首相が事態の深刻さを認識し、自衛隊出動の規模拡大につながるなどのプラス効果があった。後者については、結果として対策統合本部がつくられたことは大正解だった。

第2は、原発のオンサイト（敷地内）の事故対処の失敗である。これについてはすでに詳しく述べた通りである。

第3は、オフサイトの事故対処の欠陥である。⑴モニタリング・システムが、地震による倒壊や停電により、初期（事故直後の数日間）において、深刻な機能障害を起こした。機能が回復してからも、そのデータが住民避難に活用されなかった。航空機によるモニタリング体制もなかった。⑵SPEEDI（緊急時迅速放射能影響予測ネットワークシステム）

が、住民避難に活用されなかった。適切にデータが活用・公開されていれば、無用の被ばくが避けられる可能性があった。ただしＳＰＥＥＤＩのような精巧なシステムはもともと不要で、大まかな風向・風速ごとのハザードマップのほうが、中央からの情報がなくても現地で使用できる頑健さをもつので、緊急時に役立つと思われる。⑶放射線の防護基準（作業員、周辺住民）が、ハイパー・インフレーションを起こした。とくに、校庭・園庭の防護基準を20ｍＳｖ／年の基準に基づき3・8μＳｖ／時に設定したことが、強い批判を浴びた。もっと厳しい基準を設定し、そこに妊婦・幼児・小児の基準も盛り込むべきだった。⑷住民避難計画が、交通機関の輸送能力、避難民の受入れ能力、広域的な社会・経済への影響、などを基準として、なるべく最小限の規模となるように策定された。また輸送手段や避難先の提供がほとんどできなかった。⑸国民・国際社会への情報提供が著しく緩慢であり、不適切な対処が目立った。

これらの対処行動は、国民・住民の「パニックを起こさない」ために危険情報もあえて秘匿するという原則が最上位に置かれることを立証している。超過酷事故への事前準備がなかったので、対処が混乱したのではない。もし単なる混乱だとすれば、危険情報のあつかいがまさに絵に描いたように首尾一貫することはなかっただろう。

（2）福島原発事故の基層的要因

次に事故の基層的要因について、以下の4項目に整理してみる。それらのおかげで日本の原発は、事故に対して無防備状態にあった。

(1)原子力発電を選択したこと（数ある発電手段の選択肢の中から）。
(2)一カ所（サイト）に多数の原子炉を設置したこと。
(3)地震・津波の危険地帯に原子炉を設置したこと。
(4)老朽化した旧式の原子炉だったこと。

実はこれらの中で最も決定的なのは、数ある発電手段の選択肢の中から原子力発電を選択したことである。核エネルギーは、他のエネルギーと比べて異質である。それは「消えない火」である（核分裂によって生まれる核分裂生成物や超ウラン核種は、「死の灰」ではなく「死の火」である）。そのため原子炉停止後も、取り扱いが厄介となる。それが原子炉の本質的な安全上の弱点であり、平常時はそれを安全装置によって何とか押さえ込んでいるが、ひとたび安全装置が機能しなくなれば瞬く間に危機に陥る。

この異質性は、福島第一原発から26キロメートル北方の東北電力原町火力発電所（100万キロワット施設2基を擁する石炭火力）との対比によって、鮮明となる、原町火力の津波による破壊状況は福島第一原子力を超えていた。それでも発電所敷地外への影響はわずかであった（原町火力は被災2年後の2013年春から操業を再開する）。

原子力発電所の過酷事故は、東京電力のような世界最大級の巨大電力会社をもってしても、支払い不能な損失をもたらす。そのような発電手段をあえて選択した電力会社は企業として無謀であり、また社会に対して無責任である。超過酷事故による破産リスクについては、政府が損害賠償を肩代わりしてくれるという甘えがあったと思われる。

他の3つの弱点については紙面の都合で説明を省略する。詳しくは吉岡斉『脱原子力国家への道』（岩波書店、2012）第3章4節を参照していただきたい。なお日本の現在の原発の多くが、この3つの弱点を抱えていることに注意していただきたい。

無防備状態をもたらした構造的要因については、次のように考えられる。日本の原子力政策は、原子力開発利用全般の拡大、とりわけ原子力発電の拡大が大前提となってきた。そのために国家計画に基づく国策民営体制を構築するとともに、手厚い統制・支援・保護を行ってきた。開発利用拡大の大前提と抵触しない範囲で、原子力防災体制（安全規制体制のみではなく、危機管理体制なども含む）を整備・運用してきた。それが推進と規制の一体的運営をもたらした。そうした基盤のもとで日本の原発は過酷事故に対して、赤子のような無防備状態に陥っていた。「安全神話」とは、単なる言説ではなく、無防備状態でも平然としていられる鈍感さである。

(3) 福島原発事故の被害

福島原発事故の被害は、以下のとおりである。

この超過酷事故により、大量の放射能が外部に放出された（放射能という言葉は放射性物質の同義語として日本で広く用いられるので、その慣用に従う。原子核エネルギーを原子力と呼ぶ慣用よりも、実際の現象に忠実な慣用である）。その大気中への放出量は、放射性ヨウ素131換算で、数百ペタ（10の15乗）ベクレルと推定される。これは国際原子力事象評価尺度（INES）のレベル7にあたる。レベル7の目安は、数十ペタベクレル以上の放出量となっている。

ちなみに旧ソ連（ウクライナ）のチェルノブイリ3号機事故（1986年）では、3種類の核種の合計で、5200ペタベクレルが放出されたと推定される。放射能のほとんどは揮発性の高い核種であり、大気中に放出された量もチェルノブイリの数分の1にとどまった。しかし前述のようにチェルノブイリ事故を凌駕する巨大事故へと発展する可能性もあった。その被害は9項目に整理することができる。

⑴急性放射線障害による死傷者　傷者　作業員・住民の双方とも確認されていないが、救援活動が行えなかったための犠牲者や、避難のさいの犠牲者（高齢者、障害者など）は少

なくないとみられる。

(2)晩発性障害による死傷者　多発が懸念される。集団線量20シーベルト当たり1人のがん死（集団線量とはある集団のメンバー全員の被ばく線量の総和を表す）というのが、国際放射線防護委員会（ICRP）基準の背景にある考え方である。

(3)大量の避難民　いわゆる自主避難者を含め十数万人にのぼる。長期にわたり居住できない可能性のある広大なエリアが発生した。避難民のうち数万人以上は、一生故郷に戻れない可能性が高い。また十分な補償を受けられないケースが多いとみられる。そもそも日常の仕事・生活の場を奪われることは、かけがえのない喪失であり、その埋め合わせは非常に困難である。

(4)周辺住民の被ばく　避難地域の外部では、年間20ミリシーベルトという極端に甘い線引きが実施されている。年齢による放射線への感受性を考慮しない基準が運用されている。

(5)作業員の被ばく　事故収束作業に従事する作業員の防護基準は特別にゆるめられている。（当初から従事してきた者は年間250ミリシーベルト、それ以後に参加した者も年間100ミリシーベルト）。また被ばく以外にも過酷な労働現場となっている。

(6)都市住民の被ばくリスク　首都圏（約3500万人を擁する）などの都市住民も、2011年3月において事故拡大リスクに直面した。最悪の場合には、首都圏からの数千万人規模の避難が必要だった。そうした状況下での子供の避難は、現実的な判断だった。
(7)周辺住民・都市住民にとっての飲食物（飲料水・海産物、農畜産物）汚染　非常に大きな影響を受けた。「風評被害」もある。
(8)放射能（汚染水、汚染土壌など）の除染　非常に深刻な問題であり、解決のめどは立っていない。
(9)事故処理コストと損害賠償コストの国民負担　超長期にわたる国民負担は避けられそうもない。
福島原発事故は以上のような被害をもたらした。そこからの復旧・復興は果たして可能だろうか。またその前提条件として、事故終息（政府の表現では「収束」）は果たして可能だろうか。事故終息のためには、1・2・3号機の圧力容器・格納容器の、損傷部分を塞ぐことが不可欠である。そのうえで容器に水を満たし、低温状態を安定的に維持する必要がある。これが本来の冷温停止の考え方である。

これによって、次のステップ（解体・撤去）に進むことができる。しかしその実現は不可能に近い。それゆえ原子炉は解体・撤去されずに、チェルノブイリと同様に放置されるおそれが濃厚である。圧力容器（容積数百立方メートル）の10～20倍の容積の格納容器（容積数千㎥、下部の圧力抑制室S／Cを足せば1万立方メートルを越える）が3つもある。そこからすべての核燃料デブリを回収できるはずがない。汚染地域の除染も、一部にとどまるおそれが濃厚である。一部の除染だけでも、その費用は数十兆円以上となる可能性が高い。巨額の国民負担は避けられない。その大半を現在の青少年が支払う。

3 脱原発への道をひらいた福島原発事故

(1) 福島原発事故の国際的インパクト

福島原発事故は世界と日本の原子力発電に大きなインパクトを及ぼした。国際的インパクトとしては何よりも、世界のどこでも原子炉の「超過酷事故」が、起こりうることが実証された。それは世界の原発全体の8割以上のシェアを占める世界標準炉で、また世界では原子力安全確保に一定の実績を持つ日本で、チェルノブイリ級（INESレベル7）事故が起きたためである。

なお、世界の商業用原発の運転実績は1万4353炉年（2010年度まで）、日本のそれは1494炉年である。福島事故を含め合計4基が今まで超過酷事故を起こした（うち3基は日本）。世界では約4000炉年に1基、日本では約500炉年に1基の確率となる。超過酷事故は案外身近な事象である。

このように超過酷事故に関する世界の常識が大きく塗り替えられた。そのため多くの国が原子力発電の導入や拡大に慎重になっている。その影響はドイツなどヨーロッパ諸国に関しては報道されるが、他の地域でも大きな影響が出ている。

たとえば中国政府は運転中・建設中の原発について安全検査を実施し、また計画中の原発について審査と承認をストップさせたが、これは約1年の短期的な措置にとどまった。しかし中長期的な措置として、内陸部のすべて（十数カ所）の原発の建設を2015年まで凍結するとともに、今後建設される原発について、第3世代（アメリカの「第3世代＋」）だけしか認めない方針を示した。将来の中国の原発輸出にもこの方針が適用される可能性が強い。

中国の原発（2012年1月1日時点）は運転中14基、建設中30基、計画中26基で、合計70基（設備容量7342万キロワット）にも達する。中国政府は2015年までに設備容量4000万キロワット、さらに2020年には7000万〜8000万キロワットに高めようとしていた。だがこの大胆な将来計画は、原子力発電各社の計画を単純合計した机上の計画に過ぎない。中国の原子力発電事業は、中央政府がコントロールできない「無政府状態」にあり、首尾一貫した実現可能な計画を立てる能力が足りないとみられている。しかもアメリカのAP―1000や欧州軽水炉（EPR）といったペーパー・リアクター

（実績のない原子炉）に大きく頼っている。そうした状態のところに日本の福島原発事故のインパクトが加わった。そのため計画の大幅な下方修正は不可避である。

(2) 福島原発事故の国内的インパクト

日本国内でも、原子力発電に関する国民世論が大きく変化し、原子力政策もそれへの対応に追われている。日本国内での変化について5項目に分けて整理する。

(1) 原発の超過酷事故が、どういうものであるかについての認識が、国民・地域住民の間で共有された。この知識は消すことのできないものであり、広島・長崎の原爆被爆経験と同じような意味で、日本人の原発に関する考え方を将来にわたり規定していくに違いない。決して簡単に風化するものではない。

(2) 原子力発電に関して、国民世論の地滑り的変化が起きた。脱原発派（廃止派）が多数派となった。存続派（推進派というレッテルに抵抗を示す人々は、以前から少なくなかったが、福島事故によりほとんど死語となったので、存続派という言葉を使う）は少数派となった（その反対語としては、脱原発派よりも廃止派のほうが自然である）。

(3) 原発の新増設が実質的に凍結された（ただし電源開発大間原発の建設工事のみ再開された）。それだけでなく既設炉の再稼働反対（つまり即時廃止）を求める世論が強まった。その結果として、日本の50基の原発（実質的には、福島第一5・6号機と、福島第二1～4号機を除外して44基）のうち、２０１３年2月時点で稼働しているのは関西電力大飯《おおい》原発３・４号機の2基のみとなっている。

(4)そうした国民世論状況のもとで、政府のエネルギー・環境会議は２０１２年9月、革新的エネルギー・環境戦略を決定した。そこでは「原発に依存しない社会の一日も早い実現」という方針が掲げられ、運転期間を最長40年間に制限する制度を厳格に適用することや、原発の新設・増設は行わないことが決められた。そして２０３０年代に原発稼働ゼロを可能とするよう、あらゆる政策資源を投入することがうたわれた（しかしその後、法制化の動きがないまま民主党政権が崩壊した）。

(5)安全規制政策の抜本的見直しが進められている。組織面では、原子力安全・保安院と原子力安全委員会が解体され、原子力規制委員会が発足した。技術面では、新たな安全基準の策定や、防災計画の見直しが進められている。

２０１２年12月に民主党政権（野田佳彦首相）は崩壊し、自由民主党政権（安倍晋三首相）が発足した。新政権は原発政策を「推進寄り」に軌道修正することを目指しているが、どの程度の成果を収めるかは定かではない。

福島事故発生前への「原状復帰」の方向へシフトするのが確実なのは(4)の革新的エネル

ギー・環境戦略である。経済産業省の総合資源エネルギー調査会に新たなエネルギー基本計画を策定させ、それを閣議決定することにより革新的エネルギー・環境戦略を無効化するのが、新政権の狙いであり、それは実現されるだろうが、現実に原子力発電事業が再構築へ向けて軌道に乗る保証はない。

(3) 原子力発電の経済的・経営的な不都合

筆者はそれは無理だろうと考える。それは原子力発電が、経済的・経営的に非常に不都合な性質を有する「ひ弱」な事業だからである(以下5点に整理した)。

(1) もし「超過酷事故」を起こせば、いかなる電力会社にとっても「修復」不可能な被害をもたらす(有力国の政府でさえも「修復」できない)。

(2) 核廃棄物の処理・処分が困難である。後始末コスト(核燃料サイクルバックエンドコストや、核施設の解体・撤去・除染コスト)が不確実であり、当初見積もりの大幅超過もありうる。

(3) 事故・事件・災害(テロ、武力攻撃によるものも含む)や、それに伴う世論変化に対して、政治的に脆弱である。

(4) 平常時における発電コストが、インフラ・コストも含めれば、火力発電(石油火力を除く）など競争相手に対して、劣っている。また設備投資リスクが高い。

(5) 政府、電力業界（他社）、地方自治体など、多くの利害関係者の意思を尊重せねばならず、経営上の戦略的意思決定が制約される。

これだけ不利な条件がそろえば、電力会社は原発事業を見限るであろう。日本経済がダウンサイジングの時代に入っているなかで、そうした「ひ弱」な原子力発電事業を支えるだけの財力を、政府が保持し続けることは不可能に近い。もし原子力発電事業が経済的に自立できる屈強な事業だったならば、脱原発のハードルは高いが、その反対であることが脱原発に有利な条件となっている。

ただし既設の原発については、事故・事件・災害さえ起こさなければ、ウラン燃料コストが化石燃料コストと比べて数分の一以下なので、幾つかの電力会社は少なくとも当分の間、原発の運転延長をはかろうとするかもしれない。

（4）エネルギー需給の観点から見た脱原発

脱原発は現実的にきわめて困難であり、それを無理に実現すれば日本経済が大きなダメージを受けるという議論が、エネルギー政策関係者によって声高に叫ばれてきた。だが脱原発によってエネルギー供給不足が生ずるおそれはない。原子力発電が日本の一次エネルギー総供給に占める比率は、2000年代後半において10%程度であり、福島原発事故以後はさらに大幅に下がった。その分の帳尻が合えばよいのである。

今後の日本社会ではエネルギー消費の自然減が進むと思われる。その要因は人口減少、それにともなう都市の狭い地域への人口集中、脱工業化によるエネルギー多消費産業など製造業の衰退、化石エネルギー価格高騰による消費者の節約、国民の所得（国民所得ではない）低下による消費者の節約などである。エネルギー効率向上（技術進歩による省エネルギー）や、再生可能エネルギー拡大を見込まなくても、自然減だけで脱原発と帳尻が十分合うと思われる。

参考までに、世紀転換期（20世紀末から21世紀初頭）における日本のエネルギー消費の変化について一瞥すると、すでに自然減が始まっていることが確認できる。日本のエネルギー消費は第2次世界大戦における敗戦から1990年代半ばまでの半世紀にわたり，ほぼ一貫して右肩上がりだった（2度の石油危機の時代にのみわずかに低下した）。しかし1997年から2007年までは石油換算で3億6000万から7000万トンの水準で横ばい状態となった。さらに2008年9月のリーマン・ショックで、一次エネルギー国内供給と最終エネルギー消費はともに約10%低下したのである。

一次エネルギー国内供給の数字をあげると、わずか2年間で5億3826万トン（2007

年）から4億9130万トン（2009年）へ、4700万トンも減少した。ところで2009年の一次エネルギー国内供給のうち原子力発電分は石油換算5887万トンである。つまりリーマン・ショック後のわずか2年間で、脱原発相当分のエネルギー消費削減が実現されたこととなる。脱原発は数字的には決して難しくないのである。ましてや十数年という猶予期間が与えられれば、容易であるとさえ言える。年率1％でエネルギー消費が減少すれば、わずか10年で脱原発相当分が稼げる。

とはいえ電力に限ってみれば、原発のシェアは2000年代後半において25％から30％程度を推移してきた。それを一気にゼロにすれば、発電施設が不足気味となる。福島原発事故後、定期検査を終えた原発の再稼働がほとんど不可能となったために、まさにそのような事態が生じた。この窮地を救ったのは大震災による需要の落ち込みや、消費者による節約に加え、火力発電のたき増しであった。

石炭火力のたき増しは実施されなかったが、石油・天然ガスのたき増しが大規模に行われた結果、2011年冬、2012年夏、2012年冬のいずれにおいても、電力危機は生じなかったのである。仮に今後数年間、日本のすべての原発が停止し続けるとしても、火力発電所を高い設備利用率で運転すれば、電力不足が生ずることはない（ただし突発的な多数の火力発電施設の停止が起これば、もともと電力供給に余裕のない状況のもとで、電力危機が発生するリスクは高まっている）。

しかしその代償として、たき増しによる巨額の追加コストが発生している。原子力発電と火力発電のライフサイクル・コストは、ともに順調に運転される（超過酷事故などは決して生じない）という前提で、大きくみればほぼ同等というのが、エネルギー専門家の共通認識である。しかし両者のコスト構造は大きく異なる。原子力発電は火力発電と比べて、建設コストと廃止・処分コストが大幅に高いが、運転コストは大幅に安い。ウラン燃料（ウラン資源そのものではなく、加工コストも含む）は、同等の発熱量の化石燃料と比べ、はるかに安いからである。

とくに石油は21世紀に入って価格上昇を続け、現在では1バレル（159リットル）当り100ドル前後という高価格となっている。石油火力発電というのはまさに「札束発電」（北条時頼伝説にもとづく能の一曲「鉢木《はちのき》」にたとえれば「盆栽発電」）のようなものである。天然ガス火力発電もまた、石油高騰のあおりを受けて燃料価格が高騰している。ただし昨今のシェールガス革命により、価格下落が進むとみられる。それゆえたき増しコストの金額は天文学的とまでは言えない。

電力業界が原発の再稼働を強く希望する背景にはそうしたコスト問題がある。それは絶対的な供給能力の不足問題ではないとしても、長期間にわたってそうした状態が続くことは、経済性の観点からはたしかに大きな問題である。

(5) 自然減によるソフト・ランディング

石油火力発電のたき増し分だけでも不要とするためには、十数基程度の原発を再稼働させる必要がある。この問題を解決しつつ、脱原発を十数年で無理なく実現するためには、ソフト・ランディング方式が有利である。その方策は、次の通りである。

まず日本の50基の原子炉のうち、安全性に問題のある30基を廃炉とする。もちろん基数についてはおおまかな目安を示しただけである。それよりも多めに廃止しても大勢に影響はない。東京電力福島第一原子力発電所の5・6号機は、原子炉本体は破壊されていないが、福島県民の原子力発電と東京電力に対する信頼が崩壊したことと、その立地条件からみて、廃炉にすべきである。東京電力福島第二原子力発電所の4基についても、同様である。他に中部電力浜岡原子力発電所の3基(3・4・5号機)も、地震・津波リスクがあまりにも高いため閉鎖が妥当である。日本原子力発電東海第二原子力発電所(1基)も、地元の強い反対により運転再開が難しい状況にあるので、廃止は避けられない。こうして少なくとも合計10基の原発が廃止される可能性が濃厚なので、日本の原発の総基数は最大40基となる。

それ以外の原発のうち、老朽化が進んだ原発、旧式の原発、炉型に弱点を抱える原発、地震・津波などのリスクの高い原発、過去の地震等に施設の劣化が進んだ原発、大都市の近くに立地している原発、安全確保への取り組みにおいて問題を抱える電力会社の原発などは、福島原発事故を契機に廃止すべきである。そうなれば日本の原発40基中の半数以上は不合格となろう。残るのは20基程度またはそれ以下である。

政府が30年の法定寿命を新たに決めるならば、大リストラを生き延びた20基程度の原発のうち、２０２７年までに大半の原発は廃止され、残る原発は5基となる。周知のように原発の新増設がほぼ年1・5基から2基のペースで進んだのは１９９７年までであり、その後は2〜3年で1基のペースに落ちた。そのため21世紀に完成した原発はわずか5基にとどまる。

政府の原子力発電に対する保護・支援措置が早期に縮減または廃止されれば、電力会社による廃止スケジュールの前倒しも十分予想される。残る5基については、政府が賠償金を払って早期廃止すればよい。このシナリオで進めば２０２７年に日本で脱原発が完了することになる。

ドイツは福島原発事故を契機に２０２２年の脱原発を決めた。しかしドイツで原発が最後に造られたのは１９８９年である。それに対して日本では１９９０年以降に20基が稼働している。設備投資資金の回収という観点からは、ドイツと同時期の脱原発はやや困難かもしれない。5年程度の遅れはやむを得ないのではないか。

（特別寄稿）

いわきから問う
東日本大震災

パネルディスカッション

基調講演

大震災が問いかけるもの

中島岳志

NAKAJIMA Takeshi

遠藤勝也・片岡　龍・福迫昌之・先崎彰容

私の人生を変えた阪神・淡路大震災

私は、震災の後初めて被災地にやってまいりました。わざと一年間来ませんでした。今朝、大学の関係者の方に、海岸線のほうをずっと車で案内をしていただきました。そして、ジェイ・ヴィレッジのところまで行って、引き返してまいりました。本当に家の基礎だけが残っている、そういう風景を、私は車の中からただ茫然と見るしかありませんでした。私はそれを見ながら、ある風景が私の中で思い起こされました。それは何かというと、今から十七年前の、私自身が体験し、見た風景にほかなりませんでした。

私は大阪生まれ、大阪育ちでございます。大学生まで大阪におりました。一七年前の一九九五年一月十七日、阪神・淡路大震災がございました。そこで私は被災しました。少し神戸よりの、大阪の北のほうでしたものですから。当時、古いマンションに住んでおりまして、ジョイント部分がはずれたり、あるいは給水タンクが破裂して、すべての水が屋上から流れ落ちてきていた。家の中の家財道具が全部倒れて、そして数日間は家の中を靴で歩かないといけない、そういう状況が一七年前に私が体験したことでございました。私はそのとき、二〇歳になろうとしているころでした。

私が阪神・淡路大震災で、最も大きな衝撃を受けた瞬間がありました。それは何だったのかというと、地震の揺れそのものではなく、実はその三日後か四日後のテレビのある中継の映像でした。どういう映像だったのかというと、阪神・淡路大震災では長田という町が大きな火災に遭い、そして広範な地域が焼けてしまいました。その地域の警戒線が解け、そしてようやくそこにお家のあった方々が自宅のあったところに戻れる。そして戻って初めて、その瓦礫《がれき》と対面する、そういう状況を中継しているテレビの映像でありました。

最初に映ったのは、若い夫婦でした。若い夫婦がおそらく自分の、ご自身のお家があったところでしょう。そこに行って何かものを捜していました。テレビのアナウンサーはその若い夫婦に近づいていって、「何をお捜しですか」というふうに尋ねました。するとその若い夫婦は、阪神・淡路大震災は朝の五時台だったものですから、着の身着のまま、多くの人が家を飛び出したわけですけれども、「何か、指輪も、写真も何も持ってこなかったので、思い出のものが何かないかなと思って捜しにきました」というふうに、答えていました。

しかし、私が気になったのは実はその若い夫婦ではありませんでした。テレビの画面、その若い夫婦にインタビューをしていたのですけれども、その若い夫婦が中心に映っているその片隅に、無心で、少し異様な感じで瓦礫をかき分けているおばあさんの姿がありました。年のころは七〇歳くらいだろうと思います。そのおばあさんは必死で瓦礫をかき分けていらっしゃいました。テレビカメラはその次に、そのおばあさんのところに寄っていきました。そしてアナウンサーがそのおばあさんに、「何々放送の者ですけれども」というふうに声をかけました。おばあさんは驚いた顔をしたんですね。たぶん、テレビカメラが来ているということにも気付かなかったのでしょう。その次にアナウンサーが同じことを尋ねました。「何をお捜しですか」と尋ねました。おばあさんはもう一度、驚いた顔をされました。しかし、その驚いた顔は、最初のびっくりした顔とは少し違いました。戸惑いを含むような、そして「何を当たり前のことを聞くんだ」というような、そういう複雑な表情を彼女は、驚きの表情として浮かべました。そして、「当たり前だろう」という顔をして、何とおばあさんは答えられたかというと、「位牌です」とおっしゃいました。仏壇ですね、仏壇を捜していらっしゃったわけです。

実は私は、その光景に衝撃を受けました。なぜかというと、私も被災しました。が、被災をして家に戻ったときに、まず最初に仏壇を捜すという精神が、観念が、僕の中にないという空白と出合ったからでした。

阪神・淡路大震災では、私の見慣れた風景というものがどんどん崩壊しました。直下型地震だったものですから、三宮の駅前の、私の見慣れた、幼いころから見慣れたビルが倒壊しました。倒れるはずがないと思っていた高速道路がなぎ倒されました。私が見たことのない風景というのが、あまりにもなじんでいた風景が、一瞬にして失われてしまう。そういうような光景に、私は出合ったのであります。しかも私が育ってきた時代は、バブルの絶頂期でした。日本の経済はずっとよくなると思って、信じて生きていきました。そしてこれからも、バブルの崩壊はありましたけれども、しかし、世の中はまたよくなるだろう、日本人はこの戦後というものを抱きしめて生きていけばうまくいくんだと、私は思っていました。

しかし、その戦後五〇年という一九九五年に、日本が信じていたものというのが、私には崩壊したように映ったわけであります。当たり前のもの、高層の大きなビルは倒れない、高速道路なんて倒れないと思っていました。しかし、それが木っ端みじんに倒れてしまいました。僕は何に依拠して生きていけばいいのか、私が生きていくうえでのある種の精神の柱とは何なのか、そういうような非常に大きな空白と私が向き合おうと思っていたときに、先ほどのおばあさんが映像として映し出されました。

あまりにも当たり前のこととして、仏壇、そして位牌を捜しているそのおばあさんを見たときに、戦後五〇年かけた日本人は何を失ってきたのか。そのおばあさんはちょうど間に親の世代をはさんだ、二世代上の方だろうと思います。私が二〇歳、おばあさんが七〇歳、この五〇年は戦後五〇年という年月と重なります。その間に失ったものとはいったい何だったのだろうというのが、私の非常に大きな思いになりました。

われわれ日本人は、自分たちの生きていく精神の根源である何かを、経済発展とか、そういったものとは違うもので考え直さないといけないのではないかというふうに、私はそのとき考えたのでした。

そして数週間後、私は神戸に行きました。本当に自分が見慣れた神戸の街が滅茶苦茶になっているさまを見ながら、私は途方に暮れながらさまよいました。そのときにとある空き地に行きました。そこで、少し疲れたものですから、私は少し腰をかけて座っていたのです。その空地の片隅で、あるおじいさんがたこ揚げをされていました。それで私は少しその様子を眺めていたのです。おじいさんはずっと一点を見つめながらたこを揚げていました。楽しんでいるという風情ではありませんでした。

三十分たっても、そのおじいさんは微動だにせず、ずっとたこを揚げ続けていました。私は、そのおじいさんに、尋ねてみました。「昔からここでたこを揚げてはるんですか」というふうに聞きました。するとそのおじいさんは、「いやあ、四、五日前からやなあ」と言うのです。「そうですか」と言うと、「この地震で家内が亡くなってなあ」と言うんですね。それで、「俺はなんか難しいことは全然よう分からんけれども、ずっとたこを揚げてたら、何か家内と手をつないでる気がすんねん」、そうおっしゃったんですね。おじいさんの、ある種のリアリティーに触れたときに、やはり私自身の中にある種の空洞というものを感じました。

おじいさんにとっては、死んだ妻が、この糸によって結ばれているという、死者とのつながりというのが自明のことであるわけです。しかし戦後の、私の父親は戦後生まれで、全共闘世代です。そういう核家族で大阪の真ん中で育ったものですから、私は全くそういう信仰や宗教というものを、それまでの人生で考えたことはありませんでした。しかし、その目の前にあまりにも当たり前で、死者とともに生きるそのおじいさんの姿を見たときに、私自身がやはりもう一度、戦後日本が忘れてきたある種の信仰の問題とか、宗教という問題、そういう問題と、私自身がもう一回向き合って、決着をつけなければならないのではないかと思いました。

しかし、世の中はさらに厄介なことになりました。九五年三月でした。阪神・淡路大震災からちょうど二カ月たったとき、日本はある非常に大きな出来事に巻き込まれることになります。それは、オウム真理教の地下鉄サリン事件でありました。今度はテレビで、あるいはメディアが、「宗教を追い求めることは危ない」という一色になりました。信仰なんていうものを考えている若者は危ない、そういう論調一色になりました。私はオウム真理教に、全くシンパシーを感じません。オウム真理教のやったことについて、私は非常に大きな憤りを持っています。

しかし、オウム真理教に入っていった若者たちが、八〇年代のバブルの狂乱の中で、ある種の経済的な利益とか、そういうものだけを追い求める世界とは違う世界があるのではないかと考えた、その入り口だけは、私は分かる気がしたわけであります。しかしなぜそれが出口において、人々を殺すという新興宗教に走っていくのかということについて、私は非常に大きな疑問がありました。しかし、その入り口までをも否定してしまおうとする、日本のある種の空気というものに対しても、同時に違和感を覚えたのが、九五年のことでありました。

日本人が立っている、その精神とは何なのか。さらに九五年には、これは戦後五〇年という年で、村山内閣でした。自民党と、それから社会党がくっついた、そんな政権ができていたころです。左派の首相で、村山さんは戦後五〇年というときに、やはり戦争に対する村山談話というものを出し、日本の「大東亜《だいとうあ》戦争」についての深い陳謝の念というものを述べたのが九五年の夏でした。

そのころからまた大きな騒動が起きました。日本の戦争は本当にすべて悪かったのか、というような議論が噴出することになりました。そしてその流れで、のちに「新しい歴史教科書をつくる会」というのが発足し、日本の愛国主義、ナショナリズムの問題が噴出したのが九〇年代後半でありました。

ここで出てきた問題、一つは、信仰という問題。もう一つは、愛国という問題。人間の精神性に関わる、この二つの大きな問題を、私はそのとき全く理解できなかったわけですけれども、おそらく日本全体が戦後の中でよく分からなくなってしまった問題なのではないか。そう私は九五年の二〇歳のときに考え、そして、この宗教とナショナリズムという問題を、どう考えたらいいのか、自分の中で何とか決着をつけたいと思い、今のような学者の道を選んでいくことになりました。

いまだに僕はこの二つの問題を追い続けています。宗教とは何なのか、人間の精神とは何なのか、アイデンティティーとは何なのか、自分が今ここで生きているということを支えるものはいったい何なのか、そこに信仰や愛国というのはどういう関与をするのか、ということが私の一貫したテーマです。ですから、私のスタート地点には一九九五年の一月十七日があります。阪神・淡路大震災によって私の人生は大きく変わり、そしてその一七年後、ここに立たせていただいているというのは、私自身にとっては何か大きな宿命のような、そしてここにお招きいただいたことに対して本当に感謝している、そのような次第であります。

「死者とともに一緒に生きよう」

さて、一七年後の東日本大震災であったわけですけれども、私は去年の三月十一日、何をしていたのかというと、日本国内におりませんで、全く地球の真裏のキューバという国におりました。キューバという国は、スペイン語の国で、私はスペイン語が全くできず、現地の人から片言の英語で地震のことを聞かされました。日本が大変だと、日本にアースクイックがおきて、そして仙台が大変なことになっているというふうに、キューバ人に私は第一報を知らされたわけです。

ラテン系の人たちですから、「また、大げさな」というふうに僕は思いました。そんなに大変なことになっているとは私は全く思いませんでした。ですから、「まあまあ、日本は地震大国だからそういうことはよくあるので」というふうに返したことを覚えています。私の中では、数年前の新潟で起きた地震の、ああいう規模の地震が起きたのだろうというふうに、勝手な想像を僕は働かせてしまいました。

そしてその日はのんきに、普通に、予定通りにホテルに戻りました。私には全く分からないスペイン語で、中継をやっていました。そこで映像を見た瞬間、私は青ざめました。そしてその津波が、どんどん田んぼを上がっていくところ、それが映っていました。そしてその次に、人が流されているところが映りました。私は長年、インドで研究してきましたけれども、インドでは新聞とか、あるいはテレビで死体を映してしまう国です。キューバもそういうような、ある種のコードがなかったのかもしれません。車が流れていき、そして人が流されている、そのすさまじい映像を私は地球の裏側で見ました。ぞっとしました。どうしたらいいのだろう、何が起きているのだろうというふうに思いました。

しかも、どうも成田空港にすぐに帰れない、そんな話になっており、結局、私が帰ってきたのは地震から約一週間後のことでした。そして、今、私は札幌に住んでいるものですから、何とか札幌に戻ることができ、そしてようやく家でテレビをじっくり見る、そんなことになったわけです。帰りに、キューバからメキシコに行き、メキシコからようやく成田まで飛んだわけですけれども、その飛行機の中で私は久しぶりに日本語の新聞というのを手にしました。隅から隅まで読みました。こんなに新聞を真剣に読んだことはありませんでした。そして原発が本当にまずいことになっているということを、私はそのとき初めてリアルに認識しました。そして日本に帰ってきたのです。

そして私は、何をすればいいのか、札幌の自宅で考えました。今から被災地に行って水か何かを運ぼうかと思いました。しかし、私は、それはやめておこうと思いました。なぜかというと、私にはもっと違う役割があるのではないかと、思ったからです。私はインドに約三年間住んでいました。インドのお寺で、インドの人たちと一緒に修行生活のようなものをしながら、私自身はフィールドワークをしてきたのが、学問のスタート地点でした。インドの宗教とナショナリズムの問題をどう捉えたらいいのかが、私の二〇代の大きなテーマでした。

そのインドから僕はたくさんのことを学んだのですが、インドの考え方の中に、「ダルマ」という考え方があります。日本語に訳すと、「法」となりますが、今の民法や刑法のような、ああいう法律のことではありません。宇宙全体の法則のようなものを、インド人は、ダルマと言います。そしてよく、「あなたのダルマを果たせ」という言い方を、ヒンドゥー教徒はします。宇宙全体が動いているのは、そしてそこに生きている生命にはすべて役割がある。意味のない存在などなく、すべてにはこの宇宙を支える重要な部分としての意味がある。だからその役割を果たせというのが、インドの非常に重要な考え方であるわけです。

そのとき思いました。私が東日本大震災を目の前にしたときに、「私のダルマとは何なのか」ということを考えました。そしてすぐに頭に浮かんだのが何だったかというと、新聞でした。私自身が飛行機の中で、食い入るように新聞を読んだように、日本に帰ってきて最初にテレビをつけたその光景は、このような体育館で皆さんが新聞を必死で読んでいる、情報を必死で追い求めている、何かの言葉を探している、そんな風景でありました。

私は、実は、去年一年間、共同通信社が配信する連載記事欄をもっていました。一カ月に一回、自分の思うことを好きなように書いていいというのを、かなり大きなスペースでいただいていました。共同通信社が配信する記事というのは、各地の地方紙に載ります。ですから『河北新報』紙にも載ります。おそらく福島でも、『福島民友』紙に掲載される、そういう連載を私はもっていました。私が書いたものが、あの体育館に配られると思ったときに、ここで私はどういう言葉を届けるのか。私が水や油や、何か食料を運ぶよりも、私はどういう言葉をここで書けるのか、というところに私自身の使命がかかっている、とそのとき思いました。

そのとき、私もテレビや、あるいは新聞で言葉を拾ってみました。いろいろな言葉が被災地に向けて発せられていました。その中で、一番たくさんあった言葉は何だったかというと、「頑張れ」という言葉でした。「頑張ろう」、あるいは「頑張れ」という言葉でした。私は、この「頑張れ」という言葉を使うのは早すぎるのではないかと、そのとき思いました。なぜか。私たちが、「頑張れ」と言われてうれしいときというのは、どういうときでしょうか。私たちが「頑張れ」と言われ、とっても勇気づけられ、うれしいときというのはどういうときなのか。これは、未来に対する目標が定まっているときです。

たとえば、「絶対に、東日本国際大学に入学しよう」という目標がはっきりし、それのために勉強を始めているとか、あるいは、「何々の県大会で絶対に優勝するぞ。そのために今日はこの練習をするんだ」というような、現在と未来の目標というものがしっかりとつながっているとき、そしてそれに向かって走っているときに、人は「頑張れ」と言われると奮い立つ。そういうものなのだろうと思います。

マラソンの高橋尚子さんがこういうふうにおっしゃっていました。オリンピックでずっと走っているとき、最後の力が抜けそうになったとき、沿道から日本人に「頑張れ」と言われたときに、勇気が出てきた。力が湧いてきた。そして一着でゴールのテープを切ることができたと、テレビのインタビューでおっしゃっていました。人が「頑張れ」と言われてうれしいとき、勇気をもらうときというのは、未来と現在が結びついているときです。

しかし、震災から一週間か一〇日、そんなときに被災地で本当に確実な未来を見通すことができたでしょうか。ただ、おそらく多くの方々が、茫然《ぼうぜん》とし、怒りが湧き、そしてみんなで今のその瞬間を助け合わなければならない。そういう精いっぱいのときに、未来が見えない状態のときに、私はあまりに無造作に人に「頑張れ」というのはよくないだろう、そして、そんな言葉ばかりが氾濫《はんらん》している日本とは、いったい何なんだろうかと思いました。

そこで私がどういう言葉を書けばいいのかというのが、問われてくるわけであります。「頑張れ」という言葉とは違う、本当に身近な人たちを津波で流され、そして非常に大きな悲しみと苦しみに打ちのめされている、そんな人々に私はどういう言葉を届ければいいのか。そのことを私は必死で家にこもって考えようと思いました。一人くらい、一人で徹底的に物事を考える人間がいてもいいのではないかというふうに思い、私は部屋にこもりました。

そして、私が書いたのは何だったのかというと、死者という問題でした。みんなが避けていると思った問題について書いてみました。私たちは身近な人が亡くなると、喪失だと感じるだろうと思います。大切な存在を失ったと思うと思います。私も大切な人を何人かこれまで亡くしてきました。そのとき、大きな穴が開いたような、大きな喪失感と無力感の中に自分が叩きのめされる、そういう経験もわずか三七年の人生ではありますけれども、何度か経験してきました。

しかし、私自身が思ったのは、大切な人の死というものは、単なる喪失なのか、それは失っていることだけなのかということでした。私がその新聞に書いたことは何だったかというと、「死者とともに生きる」という問題でありました。私たちは大切な人を亡くし続けて、今、生きています。しかし、それは単に喪失なのでしょうか。私は違うと思います。

死んだ、また別の形になったその他者と、おそらく私たちはもう一度出会い直している。そういう関係が、私は死者とのあいだにはあるのだろうと、考えています。日本の哲学者でも、たとえば、田辺元《たなべはじめ》という人や、あるいは上原専禄《うえはらせんろく》という人がこの死者という問題を徹底的に考えてきました。私は彼らのものを必死で読みました。

私自身の体験から申しますと、どういうことがここで言えるのか。私は約二年前に、非常に重要な人を、身近な人を亡くしました。彼は編集者なのですが、私の著作をつくってくれた、大切な編集者でした。そして彼は、単に仕事仲間ではなくて、それ以前からの非常に重要な友達であり、よき兄のような存在の人物でありました。そんな彼が約二年前に、四〇代の半ばで亡くなりました。

私は確かに大きな喪失感を持ちました。彼と頻繁に飲み、朝までいろんなことを語った、そんな人がいなくなる。そのことに私は大きな空白を感じました。しかし、です。毎日何かの原稿の締切りに追われているんですが、疲れていたりして、ちょっとこれは気を抜いて書くというか、何か書き飛ばしているときというのがあります。「まあいいか、これくらいで」と思って、原稿を送ろうと思うときがあります。そんなときに彼がいるんですね、ここに。何かの視線を私は感じてしまいます。死者となった彼が、ここから見つめているわけですね。「おまえ、それでいいのか」という視線を感じて私は、「いやあ、やっぱりまずいな」というふうに思って、その原稿をもう一回読み直して、ちゃんと力を入れて書き直す、そういうことがたびたび起こるようになりました。

スピリチュアルな話をしたいのではありません。私自身の主観の中で、私は亡くなったその彼と、もう一度出会い直しているんだというふうに、私自身は思いました。なぜならば、彼が生きているときの私との関係と、死んでからの関係は異なる関係だからです。生きているときの彼と、私はそんな話を一回もしたことがありませんでした。彼が生きている間、私が何か適当なことをやっているときに、彼の視線を感じるようなことはありませんでした。バカ話ばかりをしていました。しかし、彼が死んでから、私に対して鋭い視線を向けてくるようになりました。そして私自身が道をはずれようとしたとき、少し楽をしようとしたとき、そういうときに彼が出てくるようになりました。これは、私は新しい彼と出会い直しているんだというふうにしか思えませんでした。

そしてその死者と一緒に生きるということは、いま与えられたこの命を、一生懸命真面目に生きるということと直結しているというのが、私自身の思いでした。彼は私の横に透明な存在としている。「死者とともに一緒に生きよう」という言葉を、私自身はそのときに新聞に書かせていただきました。びっくりしたのは、たくさんのお手紙をその後、被災地からいただいたことです。私が新聞に書いた言葉の中ではもっともたくさんのお手紙をいただいたのが、その記事でした。一〇〇通を超えるようなお手紙を、大学に寄せていただきました。とてもうれしかったです。そのとき私は同じようなことを考えている方がたくさんいるということに、私自身もとても勇気づけられる思いがしたのを、昨日のことのように思い出します

最近、私が考えているこの死者の存在、死者と一緒に生きるという問題を、本当にリアルに感じて、「この人は生きているんだなあ」という人をテレビの中で一人、私は発見をしました。誰かというと、私より一回り年が若い、ある女性です。フィギュアスケートの浅田真央さんです。私は急に、一気にファンになりましたけれども。浅田さんは今年の初めでしょうか、昨年の終わりでしょうか、お母さまを亡くされました。そのことはいろんなニュースで流れたと思います。私はフィギュアスケートに詳しくないものですから、どういう大会だったかは忘れてしまいましたけれども。浅田さんはその後、お母さまが亡くなられた直後の大きな大会で、優勝をされたのですね。

そのときに記者の人たちに囲まれて、「優勝をどのように思いますか」というふうにいろんな方がインタビューされていたのです。その中で、あるインタビュアーがこういうことを聞きました。「天国のお母さんにこの優勝をどのように報告しますか」、浅田さん、その瞬間、ちょっと戸惑った顔をしました。びっくりしたような、戸惑った顔をしました。

私はその顔にどきっとしました。なぜかというと、一七年前に神戸でインタビューのマイクを向けられたおばあさんと同じ表情をしたからです。何をこの人は聞くんだろうというような、一瞬、状況を把握できないような、そんな表情を浅田さんは浮かべました。

そして彼女はどういうふうに答えたのかというと、「母は私のそばにいるので、わざわざ報告しなくても分かってくれていると思います」というふうに浅田さんは言いました。私は本当に彼女が一緒にお母さんと滑ったのだろうと思います。そしてすぐそばにお母さんの存在を感じていたのだろうと思います。だから、そのお母さんに、言葉に出して報告する必要なんてなぜあるのか。言葉にならない言葉で、彼女とお母さんは通じ合っている。そういうリアリティーが、おそらく浅田さんの中にあったのだろうと思います。だから彼女は戸惑った表情を見せた。やはりこの人は死者という存在と、一緒に前向きに生きようとしている人なんだなと、私自身はそのときに思いました。

そんな死者とともに生きるということと同時に、今、問われているのは、やはり生きている者同士でどういう関係性をつくっていくのかという、未来の問題であります。被災地で、「絆」という言葉がよく使われるようになりました。これは長い間、戦後日本が見失ってきたものにほかなりません。そしてこの絆の問題は、何も被災地だけの問題ではありません。

昨日、おとといのテレビを見ていると、東京の立川市だったでしょうか。孤独死の問題というのをずっと流していました。六〇代の女性と、九〇代の女性が死後一週間ほど見つからなくて、ようやく発見された。そんなニュースが流れていました。こういうニュースが連日のようにあります。先月は札幌でも、四〇代の女性二人が、餓死をする。そんな問題が出てきました。

日本はどんどん絆を切り裂かれ、そして個人として生きることが礼賛される中で、戦後の価値観というものを紡ぎあげてきた。その結果として私たちはどういう社会に生きているかというと、九七年以来毎年自殺者が三万人を超える。隣で児童虐待が起きても、近所の人が分からない。孤独死が相次ぐ。こんな社会で私たちは生きることになっています。私たちはもう一回、戦後というものの価値を見つめ直す必要があるのではないのだろうか、そう思っています。

私は本当に単独の個人なのか。日本人は、「人間」という言葉を使ってきました。不思議な言葉です、これは。人間というのは、「人の間《あいだ》」というふうに書きます。和辻哲郎《わつじてつろう》という哲学者はこれに注目をし、「人間の倫理というのは、人と人との間柄に存在する」というふうに言いました。人間はここにいるのでなくて、他者との間柄の中に存在があるのだというふうに考えてきたのが、おそらく日本人の言語感覚だったのだろうと思います。

このような、他者とともに生きることとは何なのか。

私の大好きな、福田恆存《ふくだつねあり》という人物の『人間・この劇的なるもの』という本を持ってきました。福田恆存は劇作家であり、戦後の批評家であったわけですけれども、少し読もうと思います。彼は、こういうことを述べています。

「個性などというものを信じてはいけない。もしそんなものがあるとすれば、それは自分が演じたい役割ということにすぎない。個性があるとするならば、それは自分が演じたい役割というものがあるということにすぎない。ほかは一切生理的なものだ。右手が長いとか、腰の関節が発展しているとか、鼻が効くとか、そういうことである。また、人はよく自由について語る。そこでも人々は間違えている。私たちが真に求めているものは、自由ではない。私たちが欲するのは、事が起こるべくして起こっているということだ。そしてその中に登場して、一定の役割を務め、なさなければならぬことをしているという実感だ。何をしてもよく、何でもできる状態など、私たちは欲してはいない。ある役を演じなければならず、その役を投げれば、ほかに支障が生じ、時間が停滞する。ほしいのはそういう実感だ」というふうに、彼は言っています。

私は単独の存在であり、すべてから自由になることが幸せだというのは、違うだろう、と彼は言っています。それよりも、ある社会の中で役割を演じ、そして果たし、そのことによって自分がいなければこの社会は回らないのではないか、自分がいることによって、ある一定の共同性や、家族というものが成り立っているのではないか、そういう実感こそが、人間を支えているのではないか。人間はそもそも、そういった役割を演ずる演劇的な存在であるということが、福田恆存の言ったことでありました。

おそらく、こういう感覚を私たちは長い年月をかけて、失ってきたのではないか。そして、もう一度取り戻さないといけないのは、こういう役割。自分が、この世の中で生きていることの意味や役割というものを取り戻さないといけない。「ダルマ」を取り戻さなければならない。

そのためには、社会と関わり、その中で一定の意味を果たすこと。その参加する意思というものが、おそらく私たちのこれからの未来にとって、これからの絆にとって、重要なことなのではないのかなというふうに思っています。

ご清聴ありがとうございました。

パネルディスカッション

［パネリスト］
中島岳志（北海道大学大学院准教授）
遠藤勝也（福島県双葉郡富岡町長）
片岡　龍（東北大学大学院准教授）
福迫昌之（東日本国際大学経済情報学部長）

［コーディネーター］
先崎彰容（東日本国際大学東洋思想研究所特任准教授）

先崎　それでは始めたいと思います。先ほど、中島先生のほうから非常に熱のこもった講演をいただきました。あえてまとめるまでもないかもしれませんが、まず私のほうで手短に論点をまとめた上で、その後に遠藤町長のほうから二〇〜三〇分、少し長めのお話を頂戴するというかたちで、始めさせていただきたいと思います。

先ほどの中島先生のお話を同じ年の私や今日いらっしゃっている若い皆さんに分かりや

すくもう一度、まとめ直すとすれば、戦後、高度成長期においては、僕たちの中の一番の価値観は、たとえば自由であるとか、経済的に豊かになるといったことが、生きていく意味の第一の価値だというふうに思われていました。けれども中島先生は、自らの震災体験に直面したときに、自分の心の中にある空白と出合いました。その際、何によって生きていく価値を見いだしたらいいのか、そういう問いに直面されたのだと思います。

その中で、位牌の例もありましたけれども、死者、要するに過去からつながっている人が自分の傍らにいる。そのことに思いをいたすことによって、自分という人間がただ単に一人で欲望のままに生きるのではなくて、死者とのつながり、当然、それは死者からのメッセージも含むものとして、自分たちが引き継いで生きていかなければいけない。そういうところに自らの生きる意味、難しい言葉で言えばアイデンティティーをもつべきだと。そういうことを先生は強調なさったのだと私は思っております。

以上の話は、少し思想的な意味を含んでいますが、まずディスカッションに入る前に、双葉郡富岡町の代表でもある遠藤町長から、現場で体験なさった具体的で実践的なことをお聞きしたいと思います。それではよろしくお願いいたします。

家、土地、歴史、文化のすべてを失って

遠藤　皆さんこんにちは。今日はこのようなシンポジウムにお呼びいただきまして、大学の先生ばかりの中で私が、本当にご要望に沿えるようなお話ができるのか非常に不安であ

りますが、皆さんにしっかり御礼と、これからの課題、またふるさと富岡に帰るための諸々のお話をさせていただければ、大変ありがたいと思っております。

まずもって、いわき市に対して、あるいはいわき市民に対して御礼を申し上げます。約五〇〇〇人以上の富岡町民が、いま、いわき市内で仮設住宅、あるいは借り上げ住宅等々に避難生活をされておりますが、市民の皆さんには、物心両面からいろいろな形で大変にお世話になっていることを、町長として心から御礼を申し上げます。

また東日本国際大学につきましては数年前から、石井学長、あるいは理事長さんはじめ、たくさんの大学の関係者の方々との交流をさせていただいて、またわれわれの避難生活の支援策にも取り組んでいただくよう、いろいろな計画を国に提言されようとしてくださったことに対し、あらためて敬意を表したいと思います。

三・一一の震災発生から、明日でもう一年を迎えます。本当に一年というのはいままではそう短くは感じなかったですが、この一年に限ってはあっと言う間に過ぎてしまったという感じがします。なぜかと申しますと、いろいろな問題が山積している中で、全く前に進まない。この一年間を振り返ってみると、この一年間にわれわれに、国、政府等々が何をされたのか。何も前に進まないのです。それで本当に一年三六五日が過ぎてしまったことを思えば、非常に複雑な気持ちと、悔しさを感じます。

それは、私たち地元の首長の責任もあるかもしれませんが、国のいろいろな面の取り組みに非常にスピード感がないということ。これは皆さんもご承知のとおりです。しかし、ただ悔やんでも仕方ありませんが、いよいよ明日で一年ですので、町でも合同慰霊祭をやります。また、それを節目に復興元年の年にしたいと考えております。平成二四年がいよいよスタートして、心を入れ替えてこれから前に進もう。この希望と、それに向かうような意欲、自信、勇気、そういう気持ちを大切に、心を一つにして前に進むことこそ絆の精神です。絆をしっかり、太くつないで進もうではありませんか。

いま、私自身が問題を整理しますと、七つほどあるのかなと思うのです。いつ帰還できるのだろう。これが一つ。二つ目は除染。除染が始まりますが、本当に除染されて帰って生活ができるだけの放射線量の低減がされるのかということ。それから三つ目は、帰っても仕事があるのか、雇用の問題です。それから四つ目は、いま、仮設住宅その他で町民は避難生活をしておりますけども、精神的な損害ということでの賠償金を生活資金に充てておられます。しかし、これはいつまで続くのか。三・一一の発生以前の生活に戻れるまで国の責任、東電の責任で、しっかりとこれは担保してほしい。今後の生活資金の問題です。

五つ目は賠償です。賠償、ふるさとの自分たちのコミュニティーはもちろん、家も、土地も、それから文化も、自分たちの歴史もすべて失いました。このいろいろなものの賠償について、国、東電はどういうふうに取り組むのか。これが挙げられると思います。そして次は復興です。どのようなかたちでふるさとをもう一度、復活させればいいのか。これはソフト、ハードの両面から検討しなくてはなりません。これについても国の財源の問題に尽きます。いかにして秩序を保って、この復興のための諸々のインフラの復旧に取り組んでいただけるのか。また、被ばくの問題。帰っても年間被ばく線量が二十ミリシーベルト。二十ミリで本当に大丈夫なのか。全くこれは、われわれは認めることができません。あくまでも一ミリシーベルトに近い数値を達成していただく、これを基本にしないと帰る方がおられないと私は思います。最後はこの健康管理の問題です。

以上の七つが現在私自身の取り上げている問題です。これら七つを一括《ひとくく》りに、すべて国、東電がこれを一つ一つ解消して解決していかないと、われわれは元の生活には戻れません。これからの復興元年に、これをしっかりと実行していただけるよう、私は最大の努力をしていく。そのため皆さんのご期待に沿えるように頑張っていきたいと思っています。

振り返れば、三・一一のあのマグニチュード九・〇、そしてまた震度六強。あのような地震は、われわれは経験したことはありません。まさにあのときのことを思い出せば、本当に悪夢を見ているような、われわれの想像を絶するような揺れ方でございました。

ちょうど三月十一日は、午前中は町立中学校の卒業式でありまして、町内二校の中学校の式に参列して、午後から役場で仕事をしていました。二時四六分、あのような激震があって、直後に災害対策本部を設置しました。いちばん先に本部長として指揮したのは、ハザードマップをつくっていましたから、防災無線で海岸線の行政区の区長さんをはじめ、消防団員や、村の職員に対して、いわゆる弱者、一人暮らしや寝たきりのお年寄りを緊急に救出しなさいと指示しました。これが私の最初の災害対策の本部長としての指示でした。

その後、一〇メートルほどの大津波がやってくるという連絡が入りまして、それですべての住民を各高台の公共施設に避難するように指示しました。そういう中で、実は、私の家も流されてしまったということを職員から聞きましたが、家族のことを聞く余裕すらありません。そのときには、全く冷静で、あ、そうか、だからどうしたというのだと思いながら、とにかく一万六〇〇〇人の町民の安全を確保しなければならないと、それだけを思って自分なりの初期対応をしました。

当然、国や県からの連絡もあるわけですが、そのうち停電するし、固定電話も全く使えなくなった。携帯電話も使えない。まさに陸の孤島の司令官でした。誰とも相談できず、自分の判断でやるしかなかった。日が落ちて暗くなってきました。本当に大変な状況になって、いちばん心配していた原子力発電所がその夜、福島第一原発のすべて、1号機から4号機まで冷却機能が麻痺《まひ》したと。そのため「原子力災害対策特別措置法（原災法）」の十五条に基づく緊急事態宣言が発令されました。「原災法」の十五条というのは、いちばん、最悪の状態になったときの法律の規定です。さらに九時二三分には三キロ圏内の住民は避難指示を受けたわけです。それは、大熊町と双葉町が中心でした。

翌日、十二日の真夜中になったら、いよいよ圧力容器の温度と圧力が上昇し、さらに格納容器の圧力が上昇してこれは大変なことになるなと。でも朝まで情報が全く入ってこない。東電から、国からも、県からも、どこからも入ってこない。そしたら朝の五時過ぎです。第一原発が危ない。機能がどうしようもない。それだけでも大変なのに、福島第二原子力発電所が、やはりすべての電源が失われてしまって、冷却機能が麻痺してしまったと。第一原発と同じく温度も圧力も上昇し、第二原発も「原災法」の十五条が発令されまして、一〇キロ圏外へ避難しなさいという状況で、富岡町は第一と第二の両方の「原災法」十五条の圏内真っただ中に入ってしまった。それが六時台です。それで私は、これはもう世の中が終わりだ、第二原発まで爆発してしまったら、日本すべてが吹っ飛んでしまう。そう思いました。そこで防災無線は何とか自家発電で機能していましたから、すぐに一台でも確保して、すべてに避難の指示を出せと言ったのが朝七時ごろでした。

南に行こうと思ったら、いわきのほうも被災している。楢葉《ならは》のほうは、もういわきのほうに避難したと情報が入っている。しかも第二原発の近くで国道6号線が完全に寸断してしまって通れない。では、生き延びるためには、西に向かうしかないだろうということで、川内村に向かうよう避難の指示をしました。

それで川内村長に電話をしましたところ、受け入れていただくことになりました。しかしすべての町民を集会所に集めてバスを調達しようと思ったら、浜通り全域のバス会社はすでに前の晩に第一原発の周辺の大熊町、双葉町に押さえられて一台も残っておりませんでした。それでどうしたかというと、町所有のマイクロバス、その他町の外郭団体のあらゆる公用車、あるいは自家用車でもワゴン車を調達してもらって、とにかく一本の道路しかありませんので、乗り合わせて避難するように指示しました。

そんなかたちで、輸送手段の確保を指示しまして、川内に向かったわけです。それでも一〇〇メートル進むのに一時間もかかるような状況でパニック状態でしたが、何とか西に向かう。その後、夕方の三時三六分、ドーンと音がして第一原発の1号機が水素爆発しました。われわれは、まだ対策本部で陣頭指揮していましたが、病院とか福祉施設はまだ移動していない。そのすべての避難の確認をして、対策本部のあった学びの森の鍵を閉めて最後に脱出したのは、私のほかに二、三人の町議会議員と消防団の幹部と、それから役場の幹部で、車、二、三台に分乗して避難しました。

それで十二日の夜に川内村の役場に到着して、それから約六〇〇〇人の富岡町民が十六日までお世話になりましたが、その五日間は通信網はすべて断絶。その中に有線電話が一台あったのですが、これは回線が混みあっていてなかなか通じない。おまけに県や国の職員も来ないし、ましてやマスコミなんて誰一人来ない。ただ双葉警察署の署員四三人が一緒に避難して川内の役場で、災害対策本部を設置しながら、行動も共にしていました。

十四日には3号機が水素爆発。十五日は2号機が水素爆発。そこでもうどうしようもないので、国に相談したら、二〇キロ圏内は屋内退避すれば最悪でも大丈夫という国の考え方と指示を受けましたが、もう誰も信用しません。すでに自主的に脱出した町民が半分ぐらいいて、残っているのは三〇〇〇人ぐらいでした。

その後、十五日、4号機の火災が発生して、いよいよこれは駄目だと思いました。そのときは半径二〇キロから三〇キロに屋内退避区域がありまして、そこにとどまっていた富岡町民、あるいは川内村民もいっしょに西に逃げようと川内の村長に相談しました。十六日の朝でした。三〇〇〇人の残った人たちをどちらに向けるか。三〇〇〇人もの人を受け入れるところは、どこがあるのか。でもとにかく西に行くしかない。

それで郡山にある県施設の多目的ホール、ビッグパレットふくしま（福島県産業交流館）、あそこしかないだろうということになりました。たまたまあそこの館長が、私と長い付き合いで、友達だったのです。県の副知事のほうからは、施設の地震による被災について安全が確保できないから、南会津か、群馬県の片品村まで避難しなさいと。そんなやりとりがあったけど、そのときは川内村は吹雪いていましてね。非常に寒い晩でした。副知事の言うことはまったく信じられない。ビッグパレットの館長に電話したら、「町長、いいよ。待っているよ。皆さんを連れてきてください」という。ありがたかったです。本当にこれは日ごろの信頼と友情のおかげだと思いました。

ただ問題は、郡山まで行くのにガソリンがないのです。ガソリンがある人はすでに川内村から自主避難してしまって、富岡町から避難した住民も半分になってしまったのですから。六〇〇〇人のうち三〇〇〇人は、ガソリンがなくて動けなかったわけです。悩んでいたところ富岡町では埼玉県の杉戸町と二〇一〇年に友好都市提携を結んでいまして、そこの町長から、うちのほうの避難所に受け入れるので、バス七台向けて迎えに行くぞと、たまたまそういう支援の申し出がありました。ですが向こうに移動してもらおうと思ったら、誰も遠いから行かないということで、しからば川内から郡山まで、バスでとにかくビッグパレットへのピストン輸送を手伝ってくれということになり、これは助かりました。

十六日の真夜中までかかって、この時も私は最後まで皆さんを見届けてから、鍵を閉めて、川内村役場を出ました。そのときに、双葉警察署の署長、副署長は、バス七台とわれわれの公用車の前後にパトカーをつけて守ってくれ、ビッグパレットに到着しました。真夜中の十二時、一時を回っていたかと思います。そこで郡山警察署とバトンタッチとまさに戦場でした。これもすべて何のマニュアルもありませんし、国、県からは、全くそういう指示も、連絡もなく、自分で判断しました。

消防団も、あるいは職員も、みんな頑張ってついてきました。その中でも、私が本当に最大に敬意を表したいのは、自衛隊でした。自衛隊だけは、川内の役場からずっとついていました。今回の自衛隊の対応には、本当に感謝です。そういうかたちで、経過をたどりました。町民の避難生活は、県内が一万一〇〇〇人、そして県外が約五〇〇〇人というのがいまの状況です。ようやく一年近くたって落ち着いてまいりました。ただ、これからが、先ほど言ったいろいろな問題がありまして、これを全部ひも解いて、国がそれに対してしっかりと答えを出さないと、まだまだ先が見えないし、帰還のめども立たないということになります。

また、国の除染のモデル事業として役場を、自衛隊にやっていただきました。夜の森公園の桜の名所もやってもらいました。それから夜の森公園近くの第二中学校校舎では、コーティングをやってもらいました。それでだいたい約六〇％から七〇％ぐらい線量が下がりました。マイクロシーベルトでいえば、二から三ぐらいまで落ちました。確かに除染することによって大幅に下がるところもありますが、下がらないところもあります。建物の屋根とか、雨樋とか、庭とか、そういうところはなかなか下がらないのですが、芝生とか土壌の表面は、明らかに四分の一ぐらいまで下がります。

そういう実証実験をして、いよいよ二〇一二年の七月から本格除染を開始します。二〇一四（平成二六）年三月までに除染を終了する予定ですが、下水道の浄化センターをはじめ、管路がすべて津波と地震にやられました。このほか、道路とか橋もやられました。これについては国が並行してインフラの復旧復興に取り組むということです。

厳しく問われる原子力行政の安全基準

以上が現在までの状況ですが、あと残りの時間は、原発の事故について申し上げます。

いままで私も一五年間、町長をやってきまして、合わせて現職の福島県原発所在町協議会長をずっとやらせていただきました。これまでもいろんな問題については、しっかりと国には指摘し、東京にも、もちろん指摘しましたし、議論や検証をしてきました。

二〇〇七年に新潟県中越沖地震があったでしょう。あのとき、東京電力柏崎刈羽《かしわざきかりわ》原発が火災を起こしました。プラントの本体は異常がなかったものの、付帯施設が液状化現象その他で、安全確保ができなくて、かなりの被害を受けて、皆さんに不安を与え、また原発に対する安全の問題の指摘がされました。それで福島第一原発についても、当然、最新の基準というものをもう一度、見直してもらいました。おそらく三〇％ぐらい、耐震強度のアップをさせていただきました。今回の震度六強については、当然、それに対応できるだけの耐震の基準は確保しています。ただ地震による津波対策について議論したことはない。いままで一度も津波の被害について検証したことはないのです。

これは東電も、国も、経済産業省原子力安全・保安院も。原子力安全委員会もそう。私も一切、この一五年間の中で津波に対する議論というものは、何も行っていませんので。それが悔しいです。大地震、巨大地震があったら必ず津波が起きるのを想定して、その安全確保の議論をするのが当たり前ではないですか。それが、国がやらなかったというのは、まさに原子力行政の安全の基準というのが、いかに日本は脆弱だったかということです。これが残念で仕方ありません。第一原発は、津波で全部浸水して、麻痺しました。それですべてがメルトダウンして、爆発しました。

この半面、第二原発の話を付け加えさせていただきます。第二原発も同じ事象でありました。間もなく水素爆発する寸前までいったのです。ところが何で免れたかというと、初期対応の際、第二の所長が自己判断で、国とか、国の災害対策本部なんて全然、関係なく、自分で職員に指示して、それを通したのです。それは主に外部電源を確保することでした。3号機にたまたま一本、自前の電源がつながっていたのです。それをすぐ判断して、その電源を生かすために仮設の機器、機材などを、柏崎刈羽原発とか東京方面から、陸送だけでなく、夜中にヘリコプターで空輸までして、その一本の電源を全部分岐して、1号機、2号機、4号機につなぎ終え、間一髪だったのです。

それでこの仮設の電源で冷却機能が復活したのです。この間のことを、増田尚宏所長は、紙一重だったと、新聞で言っていたと思いますが、本当に初期対応です。第二原発がもし同じような爆発をしたら、日本列島、全部、放射能汚染されてしまう。もう逃げるところがなかったと思います。

その点、第一原発については、いろいろ民間の事故調査委員会で指摘されているようですが、それは第二と対照的だった。私は最初から思ったのです。第一の所長の初期対応が、本当にどうだったのか。政府の菅総理とか、東京電力本店の対応、そんなことは問題ではない。現場の総司令官が自分で判断して、自分で指揮して、そしてそれを断行するという、そういうものが果たしてあったのか。

私は四〇分、五〇分の空白があった、その不透明な時間が問題だと思っています。外部電源がなくなったら、どこか別のところから引っ張ってくるような作業の指示をすればよかった。それを全然しない。ホウ酸を投入したり、海水を投入するかしないか、迷っていたその空白の時間。それから、いわゆる非常用ディーゼル発電の軽油が二時間前に空っぽだったこと。これらを思うと、第一原発の危機管理が非常に問題なのです。

私は最初から、素人なりに動きましたが、事故調査委員会の中間発表だけみても、私が思っていた通りなのです。だから、まさに天災ではなくて人災です。原子力発電所は島国の日本に五〇基ありますけど、ストレステストで国が許可しても、絶対に運転を再開してはいけないと、私はほかの全国の各地の首長や議長に言っているのです。福島の原発の事故は対岸の火事ではありません。しっかりと自分たちの生命、財産、安全を確保するなら、自ら国と対峙《たいじ》してください。そのぐらいのことをやらないと、どこで巨大地震があって、大津波があってもおかしくない状況の中、まずは経済優先、稼働優先のような状況はおかしいです。この点について、私はいつも問題指摘しています。

だいたい二〇分ぐらい過ぎましたからこの辺でバトンタッチをしますが、そのような経過で、原発の日本のいわゆる安全基準というものが、いかに脆弱だったかということを指摘しました。今後もこれに対しては、問題提起を続け、これからも戦っていかなければならないと思っています。

以上です。

先崎　遠藤勝也町長ありがとうございました。それでは引き続きまして、仙台で実際に被災され、そしてその後、被災地を長らく回られました片岡先生のほうからいまのお二方の話も踏まえながら、見解をいただければと思います。お願いします。

「生き残ってしまった」者の責務

片岡　私は東北大学と、こちらの研究員にもさせていただいているのですが、今日はそうした研究者、専門家という立場、役割ではなく一人の人間として、この一年間、自分がやってきたこと、それから考えたことをごく簡単にお話しさせていただきます。

いま、このシンポジウムが始まる前に黙とうをしましたけど、その間にいろんなことを思い出しました。ふだん、皆さんもお忙しくて、ゆっくり自分の心の素直な感情を振り返る機会というのは少ないと思います。たった一分間ですけど、いろんな思いが胸に迫ってきて、私はいろんなことを考え自然に涙が出ました。

さきほど、今日わたしは専門家として話すのではないと申し上げましたが、これは考えがありまして、今回の震災は、天災だけではなく、人災の部分が大きいという話が、先ほどからずっと話題になっていますが、やはり人災の大きな原因の一つは、「専門家」にあると思うようになったからです。言い換えれば、現在の日本の社会全体が、自分の立場、自分の役割、それを果たすことだけしか考えない傾向がきわめて強くなった、そこに根本的な問題があるのではないかということです。

最近、東京大学のある先生が、『原発危機と「東大話法」』（安冨 歩著、明石書店）という本を出されました。この「東大話法」というのは、主に東大出身者に特徴的なしゃべり方ということで、べつに東大の人だけのことを言っているわけではなく、実は、そういうしゃべり方を日本人全体がするようになってしまっていることに、問題があるというのです。では、その「東大話法」とは、わかりやすく言えば、たとえば、原発事故があったときに、「直ちに健康に影響はありません」と繰り返したような、そういう言い方のことです。これは、広報する立場、役割として、それを言っておけば、一応、責任は果たしたことになるが、実際は本当に責任をもって言っているのではない、そうしたしゃべり方のことです。このように意味空疎な、本当は何も意味をなしていない言葉が蔓延《まんえん》することによって、社会が空転していき、おかしな方向に進んでいく、その意味では、たんに意味がないだけでなく、非常に危ない、ある意味、犯罪的な言葉です。

それをその東大にいらっしゃる先生自身が、これではいけないということを書かれましたけど、私も同感です。こうした言葉の蔓延と、社会の専門化は、密接に結びついていると思います。専門ということが必ずしも絶対に悪いというわけではなくて、人間が社会を営んでいくときに、やはり役割分担をしていって、よりよい社会をつくっていくことは必要だと思うのですけど、それが同時に、自分の専門以外には無責任でもよいという態度を生んでいく。

そういうものの弊害ということを考えますので、今日、私は専門家としてではなくて、先ほども紹介がありましたようにこの一年間、私が、被災地を回りながら、いろんな方とお話しした中で、どうしても忘れられない三つの言葉を皆さんにご紹介して、それを共有できたらと、そういうふうに思っています。

その最初の言葉は、これは実際に直接、人から聞いた言葉ではなくて、私が初めて石巻に行ったときに目にした言葉です。そのときの石巻は、まだ泥だらけで、歩くのも困難でした。巨大な瓦礫《がれき》があちこちで道をふさいでいますし、そういう中を何とか歩いていき、津波が遡上《そじょう》した川の岸壁までたどり着いたときの話です。

そこにはいろいろな書きつけがありました。たとえば、道に貼り紙がしてあって、「大丈夫です、安心してください」とか、連絡先が書いてあります。そういういろんなメッセージがあった中に、道路に赤いペンキで、殴《なぐ》り書かれた言葉がありました。「生き残ってしまいました」という言葉です。それを見たとき、私は非常にショックを受けて、いまもそれがずっと心の中に澱《おり》のように残っています。

どういうことを思われて書かれたか、推測するしかありませんけど、おそらく津波で家を流され、それからご家族や友人も目の前で流されて、自分だけが生き残ってしまった。もちろん生き残ったことはよかったけど、少し時間がたつと、本当に自分だけ生き残ってよかったのかという思いに苦しまされる。かといって、では自分は死ぬことができるのか、死ぬこともできない。人間には本能的な生きようとする力があって、それと絶望的な喪失感とのあいだで、どうしたらいいのだろうという思いが、こうした言葉になって表れたのだろうと思います。

それから二番目の忘れられない言葉というのは、ある避難所に行ったときの話です。避難所の就寝時間というのは電気も不足しているので、非常に早い。そこの避難所の方々は、昼間はボランティアの人たちと一緒に明るく元気よく、前向きに活動されているのですが、夜になると、やはりいろんなことを考えて眠れないわけです。そういう人たちが、自然に喫煙場所に集まってきます。そこでべつに何を話すわけでもない。ただ黙って、頭を抱えて座っています。

あるとき、昼間は避難所のムードメーカー的な明るい面白い男性だったのですが、その方と二人きりになったことがありました。その男性とぽつぽつと話しているうちに、こういうふうに言われたのです。「おまえに、俺の本当の正直な気持ちを教えてやろうか」。それは、こういう内容でした。自分は、ボランティアの人たちにもいろいろと助けてもらって、本当に感謝している。うそではなくて本当に感謝しているのだけど、本当の気持ちを言えば、もう一度津波が来て、自分たちと同じように、みんな家も流され、財産も流され、家族も流されてほしい。これが俺の正直な気持ちだ。

これは決して、皮肉とか、どうせボランティアには、自分たちの気持ちなど理解できないと、つきはなすような言い方ではありませんでした。そうではなく、こちらに被災者の方と同じ目線に立ちたいとの思いがあり、向こうも同じように、こちらとつながりたいと思いながら、どうしてもそういう関係になれない、断絶感がある。しかし、それでもなおつながりたいけれども、それはやはり難しい、そうした葛藤がまざまざと伝わってくる話でした。私はそれを聞いて、何も言えませんでしたが、こうした率直な思いをしゃべっていただいたことを、とてもうれしく感じました。

　一年たって、あちこちでいろんな断絶というものが、だんだんと目につくようになってきましたが、これを超えて一歩先に、われわれが踏み出すには、どうすればよいでしょうか。いい答えがあるわけではありませんが、すくなくとも私は、特にこういうちょうど一年目といった節目の日には、そのとき自分が感じた悲しみというものをきちんと思い出して、それに真正面から向き合うということが必要なのだと思います。これはいつまでもずっと悲しんでいればいいとか、そういうことではなくて、人間として自然に悲しいときは悲しむべきだし、うれしいときには喜ぶべきだし、そういう感情にふたをしてしまったら、人間はだんだん生きる気力を失っていって、一歩も前に足が出なくなると思うのです。だから、そういう鎮魂ということが、私は絶対に必要だと思っています。

　最後の言葉です。その鎮魂にかかわる大事な言葉に関連して、東北の祭りや芸能に詳しい方から教えていただいたものです。鎮魂というと、普通は「たましずめ」、つまり亡くなった方の魂に、「安らかにお眠りください」というかたちで鎮める。しかし、東北の鎮魂というのはそうではないのだそうです。辞書を見ると、鎮魂というのは、「たましずめ」だけではなくて、もう一つ、「たまふるい」という意味があります、東北の鎮魂というのは、そちらのほうだというのです。「安らかにお眠りください」ではなく、不幸な死を迎えた人たちに、「あなたの苦しかったこと、つらかったこと、悲しかったこと、悔しかったこと、それを眠らないで、目を覚まして私たちにお伝えください。私たちがあなたのできなかった遺志を受け継ぎます」。だから、眠らせないよう、大地をどんどんと踏み鳴らす激しい所作で踊るのだそうです。東北は江戸時代以来、飢饉によって物を食べられないで死んでいくという、そういう悲惨な歴史を経験しましたために、お墓にたくさんの食べ物、飲み物を供えて、そこで悲しみを、あるいは喜びを共有するかたちで踊りしながら、亡くなった人々の遺思を受け継ぐ、そういうものだと教わりました。

最後になりますけど、最初に紹介した「生き残ってしまいました」という言葉、実はわたしたちすべてが「生き残ってしまった」わけです。その生き残った者には、生き残った者の務めがあると思うのです。亡くなった方々ができなかったこと、もしも生き返ったならしたいこと、そうした遺志を継ぐ必要があると思うのです。もちろん、生者と死者の間には、どうすることもできない大きな断絶があります。しかし、断絶がありながらも、つながろうとする思いのほうが、もっと大事ではないでしょうか。

自分の「専門」を超えて一歩踏み出すというのは、本当はとてもたいへんなことです。たとえば、私はふだん自分の研究をしているときに、電力のことはほとんど考えません。本さえ読むことができれば、電力問題など関係ないわけです。みなさんも、だいたい同じだと思います。しかし、実は一人ひとりのこうした態度が、無数に積み重なった上に、現在の電化社会、原発依存社会ができあがっているのではないでしょうか。

そして、とうとうこんな事故を迎えてし

まった。そのような不幸をもたらした小さな種を、わたしたち自身が、無意識のうちに自分の心の中にまいていたようなところもないわけではないと思うのです。では、どういうふうにすることができるのか。

仏教の中で、転依《てんね》という考え方があって、これはどういう考え方かというと、そういう自分の心の奥底にまかれた不幸の種というのは、変えようと思ってもなかなか変えられるものではない、これを変える唯一の方法というのは、心の奥底にまかれた不幸の種の数を上回る幸福の種、それをこつこつとまいていく以外ない。自分で意識的にそういう種をまいていって、その数が不幸の種を上回ったときに、一挙に変わることができるかもしれない、という考え方です。

どんなささいなことでもいいと思うのです。たとえば、目の前に落ちているごみを一つ拾うとか、そういうことの積み重ねによってひょっとすると自分が変わり、それからまた社会が変わることができるかもしれない。〇・〇〇一%ぐらいの可能性かもしれませんが、その可能性にかけてみる価値はあると思うのです。そういうことを今日、皆さんにお伝えしたくて、そのためには専門家という立場を超えて、まず自分自身が一歩踏み出す必要があると思い、精いっぱいお話しさせていただきました。

先崎　ありがとうございました。引き続きまして本学を代表しまして、福迫先生のほうから一〇分程度で、いわきの地域を踏まえてのお話をしていただきたいと思います。よろしくお願いします。

復興に必要な「自立と連携」

福迫　私はいわきの出身であり、いわきの大学に勤めています。この一年間も一人のいわき市民として過ごしてきました。皆さんのさまざまなお話を踏まえて、本日のシンポジウムのテーマに引きつけて少しお話ししたいと思います。

震災から一年、これをどう捉えるか、福島の復興、これをどう考えるか、日本の将来、これをどう考えるかということがあるわけですけれども、最初に言ってしまうと、これについては、人それぞれ違うだろうと思います。この一年をどう捉えるか。共通しているのは、あっという間だったということはあると思います。しかし、片岡先生のお話、あるいは富岡町長のお話にもありましたように、三・一一を経験し、ここにいらっしゃる皆さんそれぞれが、特別な経験をしました。その人ならではの経験をし、それぞれのドラマを持ったと思います。それを一年経過して、どう捉えるか、そして日本の将来、自分の将来をどう捉えるかというのも、人それぞれなのだろうと思います。

これをまた別の言い方、少し意訳した言い方をすれば、いま、いろんな問題が起きている中で、福島は一枚岩ではないという現実があります。ただし今日のテーマが必要であるという意味は、やはり一枚岩というものでないということを認識しながらも、一枚岩をどうやったら実行できるのだろう、そうしなければ復興はあり得ないという意識をどうやって共有し、そしてそれに向かっていけるか、ということになると思います。

それが、必ずしも福島県という大きな単位なのか、郡という単位なのか、市町村という単位なのか、いろんなパターンがあると思いますけれども、人はそれぞれ特別な存在でありながら、やはりこの大きな災害に直面したわれわれが、ある程度の共通の認識を持って、共通の方向を向くというのが復興には欠かせないのだろうと思います。それをどうまとめていくかという大きな課題は、これからが正念場なのかなと思っております。

そして震災から一年、今日のシンポジウムで何を話すべきか、という問題があります。あっという間の一年であったわけですけれども、明日ちょうど一年たって、そして次の日は三月十二日になるということで、何が変わるのだろう。特に何も変わらないのではないかと思います。

しかし、この三月十一日というのは、やはり特別な日であり、われわれ人間はこれまで通過儀礼というある種の知恵を持ってきたわけです。正月であるとか、成人式であるとか、べつに次の日に何が変わるというわけではないわけですけれども、三月十一日という大きな災害があった、それから一年たったという、それぞれが特別な思いを抱きながらも、やはり共通してこの一年を迎えて、そしてどう考えるかということを問い直す。一つのあまりいい言い方ではないですけれども、通過儀礼として、この一年というのを捉えたい。そうすると、この一年はある程度、それぞれが思い返し、そして、これからどう考えていくのかという、そういうタイミングであるということをもう一度、考える必要があるでしょう。

私は、このいわきにいながら、こういう状

態で、いわきという一つの特別な地域で、どういうことを言えばいいのだろうということを考えていました。昨年の三月終わりから、何かしらこうした話す機会や、書く機会に、一つ言ってきたことは、いわきが死ねば福島県浜通りは死ぬということです。いわきが死ねば、日本は死ぬというふうに言ってもいいのかもしれませんが、リアリティーを持つ言葉として、福島県浜通りという言葉を選んできたわけです。

その範囲の中で、ある程度意識を共有できる、そういうことができればいいなという、私の言葉の力がどの程度かは別として、そういう意識を共有できるだけ、リアルな意識の共有をしたいと思ってきたわけです。そして一年たったいま、何を言うべきか、いま自分が、そしていわきがどういう場所にいるのかということを踏まえ、今朝の朝刊、福島民友新聞さんに復興の提言を書きました。そこで、これからの復興に必要なのは、「自立と連携である」と書きました。ただし、この言葉を使うのも、どうかと自分でも考えました。

つまり、地域活性化のために何が必要かと聞かれたときに、自立と連携です、と私も研究者の多くも答えます。これを平時のときに地域活性化とは何か、と聞かれたときに、こう答えれば、みんな「そうですね」と言うでしょう。そうですねという言葉の裏には、何を当たり前のことを言っているのだということがあるかもしれない。そしてこれを、たとえば一年前の、三月十一日以降にこれからのいわき、あるいは福島県には自立と連携が必要だと言ったら、何をとんちんかんなことを言っているのだと、そんな場合ではないだろうという話になったと思います。

一年たったいま、私はあえて自立と連携が必要だということを言います。これがベストなタイミングなのか、どうなのか、自分でも考えるところはあるわけですけれども、いまやはりこの一年という節目を迎えて、それぞれが、それぞれの思いを持っているわけだけれども、とにかく一年を過ごしてきました。

そして、われわれはこの地域に、いわき、福島という地域に暮らしています。そういうときに、これからどうやっていくべきか、すなわち自分がどう生きていくべきかということと、福島がどうあるべきかというのは、一緒に考えていく必要があるというぐらいの、少しは落ち着きが出てきたのではないかと思うのです。

これは、人によって違いますし、地域によっても差があります。しかし、復興というものを追い求めていく段階にきているというのが、何となく全体の流れになっている中で、自分たちもどう考えるかといったときに、自立し連携することが必要であろうというふうに考えたわけです。これを考えた一つの大きな動機というのは、福島県そしていわき市は被災地という名の廃虚ではないのだ、ということを証明していかなければならない、ということです。そのためには、自分たちが動かなければならない。動いている姿を見せなければならない。

残念ながら関東や、あるいはもっと西、たとえば九州のほうでは風化が進んでいるということをよく聞きます。福島県はもう終わったのだというふうな認識を持っている人も、決して少なくないかもしれません。そういう中で、福島は苦しんでいる。それは事実です。しかしながら、苦しみながらもちゃんと生きているという姿を見せていかなければならない。そのためには地域経済が動かなければならない。これは、やはり自分たち自らが動いて、発信していくということが不可欠なわけです。

ただし、われわれはこういった災害の中で、独力でそれを達成することはできません。そのためには連携が必要です。この連携というのは、非常に一般的な言い方ですけれども、当然のことながら、国や県の支援、あるいはほかの地域との支援も含めた連携という意味です。それは、やはり必要であり、少なくともわれわれはいま生きているということを、一年たったこのタイミングで言っていく必要があるだろう。そして地域経済を動かすための、あらゆる手立てを取っていく必要があるだろうというふうに考えています。

そして、基調講演で中島先生から、頑張れという言葉について少しお話ししていただきました。私も非常に共感します。将来の目標が見えないときに頑張れと言われても、どう頑張ればいいのかわからないというのは、個人レベルでも、地域レベルでも同じだと思います。もう一つそれに関連して言えば、福島の将来、日本の将来ということを考えるときに、やはり現在があって将来がある。現在がなければ将来はない、という当たり前のことを思い返すわけです。

この一年、われわれはどういう状態であったか。いろんな経験、いろんな方がいらっしゃると思いますけれども、果たして現在があったのだろうかということを考えると、いま、自分は本当に何をしているのだろう、自分は本当に生きているのだろうか、ここで俺は本当に何をしているのだろうという瞬間を私自身も経験しましたし、もっとつらい思いをした方は、かなり長い期間、そういう思いを抱いてきたのではないかと思います。それはまだいまも続いているかもしれません。

そういういわゆる現在がない、現在についての現実感、リアル感がない中で、将来を考えろと言っても、これはなかなか難しい話です。ただし、やはり「生き残ってしまった」という表現になるかもしれませんけれども、われわれは生きている。現在を生きているわけです。この一年という区切りは、人それぞれではあるにせよ、やはり現在というものを捉え直すいい機会なのではないかと思います。

いま、私たちが置かれている状況、それを考え、生かされている、生きているということを考え、そして将来を考える。その前にまず現在というものを捉える。これがいまのこの一年という節目のテーマであり、それが将来を考えることにつながるだろうと思います。その段階になったときに、やはりいま、現在の目の前のことだけでは将来は見えません。現在を自分がどういうふうに生きているのか。置かれた状況がどうであるのかということを捉えたうえで、将来を考えます。将来を考えることができなければ、ただ単に生きていくということは、やはり人間にとっては、あまり好ましくない状況です。自分の目標を持つということが生きる糧にもなっていくと思います。

具体的なこととして、やはりこれからわれわれが、将来を考えていくとき、この一年というものを節目として、少なくとも一年後、二年後の未来を考えます。そのうえで、遠い将来、一〇年後かもしれませんが、それを考える。たとえば、行政なり何なりが、一〇年後の将来像というものを掲げる必要はあるでしょう。ただし、現在と将来、その一〇年後を結ぶ一年後、二年後。自分は一年後どうなっているのか、どうしたいのか、どうできるのか、そのためには何が必要なのかということを考え、そして動くということが不可欠だと思います。

何もしないで一〇年を過ごすことはできません。現在に対してちゃんと自分なりの認識を持ったうえで、地震から一年の間、本当にいろんなことがあったけれども、これから一、二年、来年、再来年はどうしているのかということを、やはり考え、そのために動く、働く。そういうことが次のステップ、次の将来につながっていくと思います。それができる場所として、いわき市は機能していく必要があるし、その使命があるのではないかということをずっと考えてきましたし、この一年というのを節目に、われわれ大学もそうですが、いわき市として、地域経済を引っ張る、福島を引っ張る、それぐらいの動きをしていく必要があるのではないかと思います。それが復興、将来というものにつながっていくのではないかと考えます。以上です。

先崎　ありがとうございました。そうしましたら、最後に中島先生に一言添えていただこうと思います。よろしくお願いいたします。

「不信社会」の出現

中島　皆さんのいろんな言葉が、響きました。中でも僕は非常に重要なことを遠藤町長さんがおっしゃられたと思っています。遠藤さんは、あっという間だったというふうにおっしゃいました。とにかく何も進んでいない、国が適切な対応をなかなかとってくれない、その中でこの一年があっという間に過ぎたというふうにおっしゃいました。おそらく多くの方の実感なのだろうというふうに思います。

福島だけではなく、日本全体でいま、何が起きているのかというと、国は信用できない、東電のようなところも信用できない、出してくるデータがよく分からない、本当なのかどうかが分からない、誰が本当のことを言っているのかが分からない。メディアが信頼できるかというと、メディアもよく分からない。では、学者が信用できるかというと、私は学者として、忸怩《じくじ》たる思いがありますが、御用学者というふうに言われ、どの学者が本当のことを言っているのかが分からない、誰を信頼していいのかが分からないという不信社会というものが、日本には現れてきているのだろうと思います。

一方で、政治に思いを仮託できるかというと、そうなっていない。どうも自民党は駄目だったし、民主党になっても駄目ではないか。では、二大政党の中でわれわれは、どういう選択肢があるのかというと、もうないではないか。こういうような中に僕たちは追い込まれているのだろうと思います。その中で出てきているのが、「シニシズム」という問題なのだろうと思います。シニシズム、冷笑主義というふうに訳しますが、もう誰がやっても一緒というような政治に対する投げやり感というものが表れてきています。

シニシズムというものが蔓延《まんえん》するとき、政治は危うい方向に動きがちです。こういうシニシズムが蔓延するとき、何が起きるかというと、よく起きるのが救世主待望論のようなものです。もうぐずぐずとやっているのでは駄目だ。一気に断行してくれるような政治家が、出てきてくれ。こういうようなある種、いら立ちと不安の中から生まれてくる救世主待望論というのが歴史の中では、よく生まれてきがちです。

私は日本はいま、そういうような状況に突入してきているのではないのかなと思ったりしています。大阪のほうでそういう方が大きな影響力を持ち、大きな支持を集めたりしているような、そういう状況が生まれてきます。彼は「グレートリセット」が必要だと言っています。日本の統治機構をいったん解体するべきだ。構造改革をやり、そして公務員改革。どんどん削り、そして日本を新しいモデルにつくり変えなければならないというふうに、彼は大きな声で言い、それが一定程度支持されているのが現状なのだろうと思います。

しかし、私はうそだと思っています。遠藤さんは、非常に重要なことをもう一つおっしゃいました。せっぱつまったとき、どこに逃げるのかというふうになったときに、最後に重要だったのが日ごろの付き合いと友情だったというふうにおっしゃいました。それによって、施設の長と長年の経験、そして関係性の中で、そこに受け入れてもらえるという道が開けたのだというふうにおっしゃいました。

これはきわめて非合理的な関係であります。組織を合理化せよ。どんどん構造改革をして、公務員を減らしてスリムなものにしていく。それがおそらくいまの日本が進もうとしている道なのでしょう。しかし、どのデータを取っても、日本は先進国の中で最も公務員が少ない国です。これは、われわれがなかなか認識しにくいのですけれども、一〇〇〇人中、だいたい三五人ぐらいしかいません。アメリカですら一〇〇〇人中七〇人ぐらいいます。イギリスになると八〇人。フランスになると九〇人ぐらいいます。日本は先進国の中で半分ぐらいの公務員しかいません。それをさらに切っていくという状況がいま、現れています。

そしてその穴埋めをどうするかというと、非正規雇用で雇っていく。どんどんと労働の現場が劣化していく状況が、いま起きていると思います。そして、こういう組織になればなるほど、遠藤町長がおっしゃったような、人間の付き合いや、日常的な関係性、経験知というものが失われていきます。

こういう組織は非常時にものすごく弱い組織です。マニュアルなんて役に立ちません。役人が平時の頭の中でこねくり出したものなんていうのは、非常時に、想定外のことが起きると、全く役に立ちません。役に立つのは、ヒューマン・オーガニゼーション。人間の付き合いや関係性に基づいた組織というもの。これが最も機能するのです。こういうことが、おそらく多くのところで忘れられてきたのが平成の改革といわれるものだったのではないのかと思います。もう一回、私たちはこの二〇年間、改革、改革というふうに言ってきたその中身を見つめ直さないと、政治的にはもろい国になってしまうのではないかと、私自身は思ったりします。

原発が奪ったものの大きさ

もう一つ、原発の問題です。これも遠藤さんが非常に重要なことをおっしゃいました。原発は、現在の生活だけを奪うのではない、文化や歴史や伝統までも奪っていく、過去とのつながりを奪っていくということをおっしゃいました。これこそ私はとても重要なことなのだろうと思います。お祭りが継承できません。その地域でずっと続いてきた慣習はどうなるのでしょうか。歴史的にずっと先祖が積み重ねてきたその慣習や伝統というものは、本当に続いていくのでしょうか。つまり失ったものは何かというと、単なる生活の空間だけではなくて、過去や未来を通じた時間を、原発によって失ったのだろうと思います。

そしてそこに、人間にとっての非常に重要なものがあると思うのです。最初にお話をさせていただいたように、インドで「ダルマ」という考え方を学びました。人間にはそれぞれの場所で果たすべき役割があるという考え方です。このダルマを果たすべき場所を、おそらく原発は奪ったのだと思います。かけがえのない過去と私をつないでいるもの。私という存在は過去の人間と現在の共同性の結節点に存在します。その過去と場所を奪ったのが、おそらく原発がなのだろうと思います。

もう一冊だけ本を持ってきました。鈴木大拙という日本を代表する宗教家、仏教者がいます。この方の名著に『日本的霊性』という本があります。岩波文庫になっていますけど、この中で鈴木大拙は、こういうことを書いていています。

「われわれの生命というものは、必ず個体を根拠として生成する。個体は大地の連続である。大地に根を持って、大地から出て、また大地に帰る。個体の奥には、大地の霊が呼吸している。それゆえ、個体にはいつも真実が宿っている」というふうに彼は言っています。

私は同じようなことをインドの宗教者にも言われました。君の体と大地はつながっているとヒンドゥー教の僧は私に言いました。君はこの大地でできたものを食べているだろう。この大地でお百姓さんが作ったものを君は体内に取り込み、そして君の体はできているとするならば、君の体とこの大地はつながっているのだと彼は言いました。

身体、われわれの体というものは単独の存在ではない。われわれは、その大地とつながり、そしてそれを作ったある種のお百姓さんや農家とつながっている。それが人間の体だと彼は言いました。鈴木大拙の考え方とおそらくつながっているのだろうと思います。

去年の三月の終わりだったと思います。原発事故から三週間ほどたったときに、あるニュースが流れてきました。茨城県の有機農業をやっている農家の方が自殺をしたというニュースです。僕はそれからちゃんとニュースを追っていませんので、分かりませんが、農家で非常に苦しいところに追い込まれ自殺された方が、複数存在するというふうに聞いています。

なぜつらいかです。なぜ、その農家の方が

つらいかです。それは、大地とつながっているからです。私という生命が大地と連続だからです。そしてその大地が汚染されてしまった。それは彼にとって、単に土地が汚染されたというだけの問題ではなかったはずです。私という存在が汚染されたと思ったのだろうと思います。そしてその土地を奪われ、多くの人たちがそこから離れないといけない。意味のある自分の、生きるべき役割のある場所のことを「トポス」と言いますが、私たちはトポスを奪われたと思います。

単なる空間を失ったのではなく、僕たちは生きる場所としてのつながりを持ったトポスを、半径数十キロにわたって失ってしまったのだろうと思います。だから、つらいのだろうと思います。これがおそらくいま起きている問題で、私は、そこから原発と向き合わないといけないと思うわけです。

原発は、誰も人を殺していないではないか。原発による死者なんて、これまでいないではないか、というふうに言う人がいます。

私はそれ以上のものを失ったのだと思うわけです。何でこんなにつらいのか。それは、私たちには場合によって、トポスを命を懸けてでも守るという精神が、自分たちの体内に宿っているからです。

死者が少ないからといって、それによる直接の現在の死者がないからといって、原発はそんなに危ないものではないではないか、と言う人がいますけれども、私は、これは間違っていると思います。命を含む、私たちはトポスを失う。これが原発の問題なのではないのか。そしてそれを、おそらく遠藤町長は過去を失うという言葉によって、表現されたのではないのかなというふうに思いました。

先崎　ありがとうございました。今日はそれぞれの先生が、それぞれのご自身の体験や思想の立場からお話をしてくださいました。コーディネーターである私が、とてもまとめられるような話ではないですし、もちろん問題でもございません。

ただこのシンポジウムによって、皆さまの心に何か少しでも今日の言葉が残りまして、明日の日を静かに迎えるためのよすがとしていただければと思います。それではパネル・ディスカッションを終わりにさせていただきたいと思います。お疲れさまでした。

（二〇一二年三月十日、東日本国際大学主催学術シンポジウム）

巨大地震はなぜ予測されなかったか？

いわきから問う東日本大震災

木村政昭

KIMURA Masaaki

政府が誇る防災マップの〝欠陥〟

二〇一一年の東北の大震災は、東北地方太平洋沖地震という長い名前で呼ばれています。東日本大震災という震災の名前から取って、講演の時などは別称の東日本大地震とさせていただきます。まず、この東日本大地震について述べていきたいと思います。

大震災後すぐに出版された二〇一一年のNature（『ネイチャー』）誌に、このような論評が載りました。「地震予知はムリ?」……クエスチョンですから、（地震予知は）無理なのか、というものです。もう当然地震予知は無理だ、地震予知はできないのだという立場の方が『ネイチャー』にこの論評を出しました。『ネイチャー』は大変影響の大きいイギリスの純科学誌なので、日本政府にとってはだいぶ耳の痛い話になると思うのですが、発表したのはゲラー（ロバート・ゲラー）さんといって、現役の東京大学教授ですね。しかも、東京大学の理学系研究科で地震を研究しておられる先生なのです。

行政機関に関係している地震予知連絡会や地震調査委員会には、主に東京大学地震研究所の先生方が出ておられますから、いわゆる学部の先生と研究機関の先生とはかなり違う立場を取ることがあるわけです。ゲラー教授が次のような論評を出しました。「一九七九年以降、10人以上の死者を出した地震は、この確率論的地震動予測地図において、比較的リスクが低いとされてきた場所で発生している。この矛盾からだけでも、確率論的地震動予測地図およびその作成に用いられた方法論に欠陥があること、したがって破棄すべきであることが強く示唆される」「確率論的地震動予測地図を作る際に仮定した物理モデルが、本来の地震発生の物理的過程と根本的に異なる誤ったものであることを示唆している」。

　これは学者にとっては、とくに日本の研究者にとっては大変耳の痛い話になるわけですね。これ（資料1「確率論的地震動予測地図」上のだえんで塗りつぶされた部分）は、東日本大震災の震源域を示しています。この図というのは、日本国政府が誇る防災マップだったわけです。これからの（地震動）予測はこれで行うのだ、とい

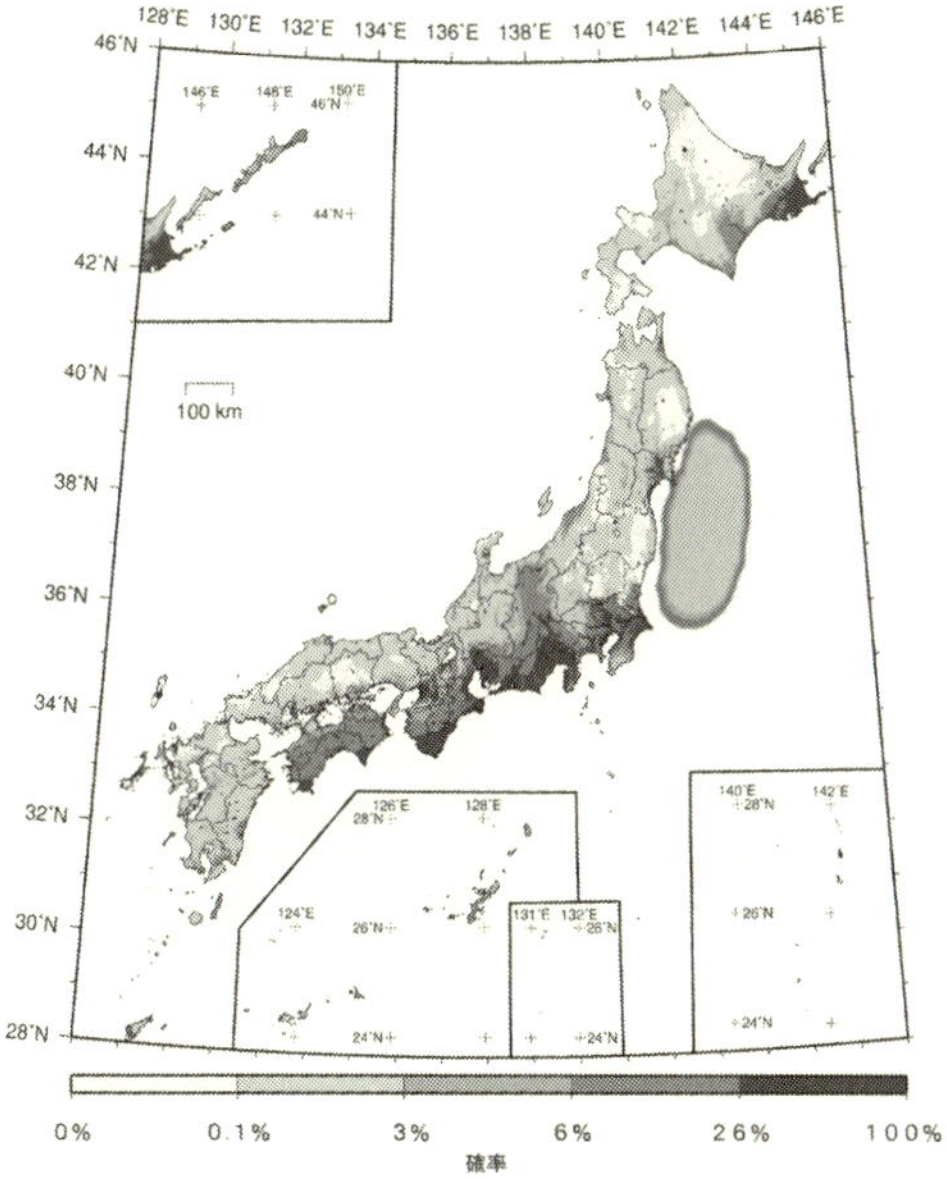

モデル計算条件により確率ゼロのメッシュは白色表示

確率論的地震予測地図：確率の分布
今後30年間に震度6弱以上の揺れに見舞われる確率
（平均ケース・全地震）
（基準日：2010年1月1日）

資料1

うものでした。その日本政府が高らかに出していた防災マップを一蹴してしまったわけです。彼はこういう指摘をしました。「日本列島で最も安全だといわれていたこの地域でスーパー巨大地震が起こるのに、誰も気が付かないのか。しかも公開された地図では明々白々に、（東日本の）この地域は日本で一番安全なところであると示されている。ここでなぜ起こらなければいけないんだ」という、強い意思表示だったと思いますね。国の示した予測図では、東日本は、今後三〇年間に震度六以上の揺れに見舞われる確率が数％以下、2～3％にも満たないような、日本の中で最も安全なところの一つだったんですね。そこで（大地震が）起こったわけです。

さて、この予測図を作成した研究者、いわゆる国の責任者にあたる人たちから、これに対して震災後何か弁明があったかというと、弁明するどころか、次は東京も含めて「東海地方で起こる」と公表しているわけです。どうも、「比較的パーセンテージの低い、地震の起こらないと思われていた地域でさえ、こんなに大きな地震が起きたのだから、資料1で濃く塗られた地域は明日にでも起こるのだということらしいのです。ですから、この地図はある意味でよくできていて、どこで百％起こるとは言っていないわけですから、どこで起こっても良いようにできていることになる。数％、2～3％でも可能性は残されているわけです。

そのように、大変少ない可能性のあるところでも起きてしまった。ですから、かつての東北地方より高い数十％以上という可能性のある西日本方面は、ますます危ないのであるというわけです。そこで、地震予知の予算はそのへん（東海地方〜西日本）にかけられてきていると……。いっぽうゲラーさんは、「この確率論的地震動予測地図は破棄すべきである」とまで言う。

東日本大震災を予知していた三原山大噴火

東日本大震災後すぐに、九州の玄海原発は大丈夫かと、関西のテレビ局である番組が作られまして、ゲラーさんと私の二人を組み合わせようということになったらしいのですね。ゲラーさんは地震予知はできないと言っている。片や木村はできると言っている。この二人を会わせれば大げんかするだろうと出されたのですが、お互い初対面なのです。初対面ですが、会って早速「やあ、やあ」と親しく会話を交わすことになってしまった。なぜかというと、かつて日本の地震予知に関する論文を『ネイチャー』誌が取り上げたのですが、それが私の論文なのですね。そのためか、「その後、それはどうなりました」という話から始まってしまったのです。

ゲラーさんも地震予知は何が何でもできないと言っているのではなくて、いまの日本の国の政府、あるいはそれにかかわる一連の先生方のやり方では無理ではないのですかと言っているのです。彼は日本には大変理解を示しています。なぜかというと、奥さんは日本の方なのですね。そういうこともあって、日本びいきの人であるからこそ「私は言うのだ」と。「これまでの先輩方に任せておいたら駄目だよ。だからあなたが頑張らなくては」と、結局私がお叱りを受けることになりましたけれども（笑）。

これは『ネイチャー』誌の私の論文中の図です（資料2）。著者は木村、私ですが、相模湾にあるプレート境界である〝相模トラフ〟沿いの巨大地震の予知についての一考察といったタイトルなのですね。実は、大正関東地震やその後の一九五三年房総沖地震などで発生した巨大地震と、火山噴火が関係あるという論文で一九七六年発表のものなのです。ゲラー教授はこれに大変興味を示してくれました。

簡単にこれについてふれておきますと、巨大地震が起こる前に火山噴火がよく起こるという論文なのですね。（資料2）たとえばここに太い棒があります。これは「大正関東地震（一九二三年、M七・九）」です。ようするに関東地震、名前はご存じですね。日本で最も悲惨な被害を出したというこの関東大震災が一九二三年に起こったのですが、その前、一九一二年に伊豆大島・三原山が大噴火したのです。そして一一年後に東京を中心とした関東で関東大震災があった。これまで一般には、「大地震の前兆をつかむのは難しく地震予知はできない」とまで言われていました。ところがなぜか、去年からは「東海地震」をはじめとして、次に危ないのは東京だ関西だと、国から具体的な指摘がされるようになりました。私にも理解できないのですが。

　話を戻しますと、過去にこういう明白な事実があるのですね。一九一二年に伊豆大島の大噴火があって、一一年たって関東大震災が起こった。さらにその後、一九五〇年に伊豆大島・三原山が溶岩を流し、一九五三年に房総沖地震があった。噴火の三年後に大地震が起こっている。この二つに関係があるのではないかということは、当時の学者からも指摘はされていたけれど、誰もその関係を現地調査してきちんと調べたことがなかったのです。

　そこでよく調べてみると、次のような結果が出てきました。これ（資料2）は伊豆大島・三原山の噴

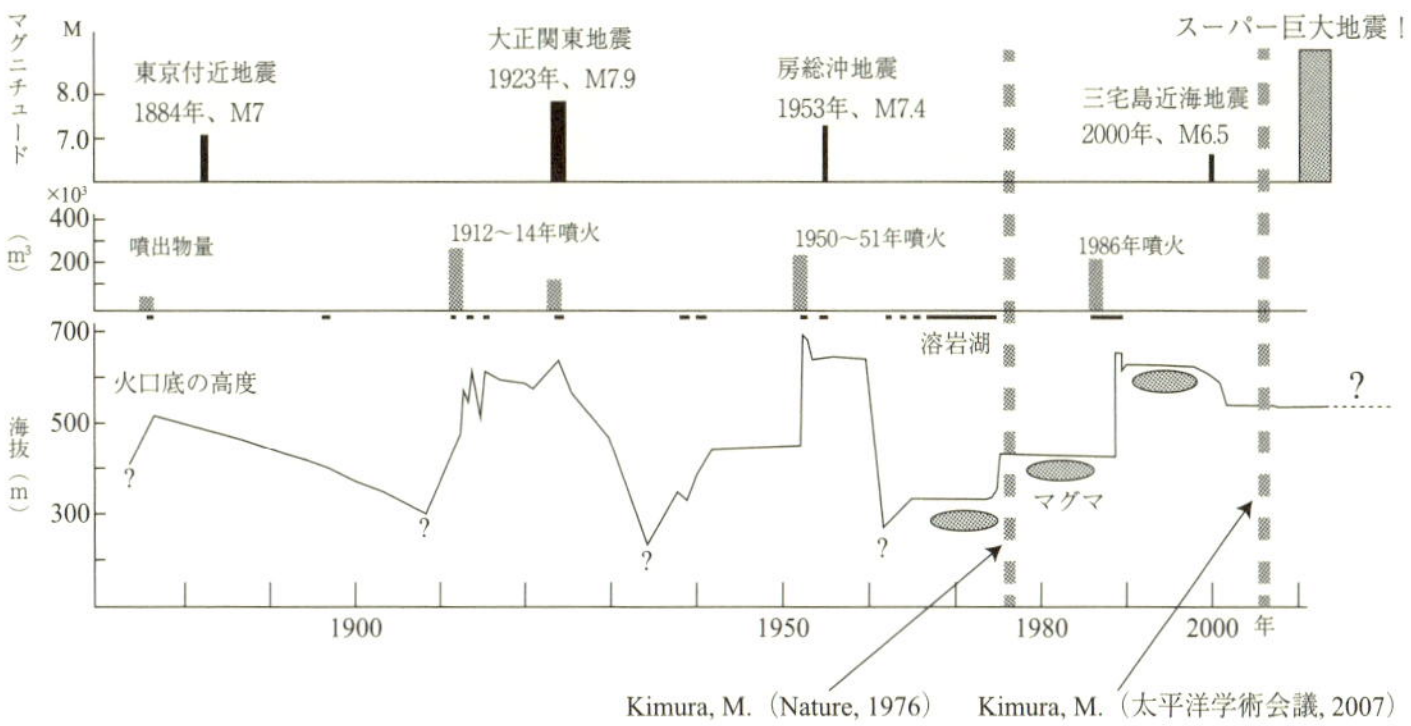

伊豆大島三原山の火口底変化と噴火・大地震との関係

資料2

火口の深さのデータなのです。マグマが標高三〇〇メートル以下の低いところに普段はあって、穴をのぞいても見えない位置にあるものが、一九一二年の地震、大正関東地震の前にこれがぐっと上がってきたと。そして大噴火があって、一〇年少し過ぎたときに、関東地震が起こった。すなわち、噴火口内のマグマが上がってきて噴火する。すると、やがて大地震が起こる。そうするとストレスが取れたらしくて、火口底が下がるということが分かったのです。

私がそのような研究を始めたのは、通産省（現、経済産業省）、の地質調査所（現、地質調査総合センター）の地震予知グループの活断層の研究班に入れられてからです。まだ新米のときで、「こういう危険なことはお前がやってくれ」みたいな話で、三原山の噴火と関東付近の巨大地震の関係を調べました。早稲田大学の探検部の学生たちも協力してくれて、噴火口に下りて観測しました。そうすると、われわれの観測中に真っ赤なマグマが上がってき始めたのですね。それを汲み取って化学分析もしました。

やがて一九八六年に伊豆大島・三原山の大噴火がありました。これは一時間の差で予知することに成功しました。そのあと、二〇〇〇年に三宅島近海でM六・五の大地震があり、これで火口底がどんと下がるかと思ったら、一〇〜二〇メートルほどは下がったのですが、そのまま停滞しています。

一九七五年に、アメリカのコロンビア大学から「アメリカの地震予知もやってみないか」と誘いがきました。世界で初めて地震予知をしたというグループのサイクス教授からの誘いでした。大変光栄であるということで、渡米しました。

渡米中のことです。ある日、突然、地震予知研究の立役者であった、研究所のショルツ準教授（当時）が、「ドクター木村はあなたか」と訪ねてきて、「研究の手伝いをさせてもらいたい」と言うのですね。「『ネイチャー』誌に載っていたあなたの論文の実験をしたい」と。ちょうどそのころ、一九七五年に中国で大地震があって、それについては予知が成立したという報道があって、大変、地震予知に関心が大きかったときだったのです。そこで私なりにかなり成果を収めて、コロンビア大学のプロフェッサーにならないかと言われているときに、日本に呼び戻されました。琉球大学に海洋学科ができたということで、こちらに赴任して、現在に至っております。

日本に戻ってきて、しばらくしてから先に述べた一九八六年の伊豆大島・三原山の大噴火がありました。そして、ゲラーさんが言っていた「この後はどうなったか」という質問を受けたわけです。それにはこう答えました。「二〇一一年東日本大地震の発生がそれです」と答えさせていただきました。

一九八六年の伊豆大島三原山の大噴火が、今回の東北で起こったスーパー巨大地震を予知していたというわけです。

大地震と大噴火は関係している

そもそも大地震や大噴火というのは、地震学会や火山学会では、それまでそれぞれ別々の現象であり関係ないとされていました。ただし、去年の大震災後、地震のあと火山活動が少し活発化した、これは関係があるということです。

私は、すでにこういうモデル（資料3）を作っているのです。東北地方に太平洋のほうからプレッシャー（応力＝ストレス）がかかってくると、大地震が起こる場所にストレスが集中します。そうするとストレイン（ひずみ）が広がっていって、将来大地震が起こるはずの場所の近い火山から噴火すると。将来、大地震が起こる場所から近い火山ほど早く噴火し、やがて遠くの火山が噴火する。たとえば伊豆大島・三原山が噴火したら一二年後には近くで大正関東地震が起こっているわけです。そのほか最近の火山などを調べた結果、そういう関係が成り立つ。そこで私は、〝ひずみ〟に目をつけたわけです。押すストレスによって、将来起こる地震の震源域から周辺に力が発生していく。その力が噴火を起こし、そちらからかかってくる力が限界に達すれば、そこで巨大地震が発生するということですね。

ところで私は二〇〇七年にこういう発表を行いました。「都市を水没させるような地震はこれからも起こる」、太平洋学術会議で発表したものです。太平洋学術会議は大正時代から日本も参加していて、次のようなことがありました。東京大学地震研究所に今村（明恒）助教授という方がいました。いまだに大森・今村論争というのが有名なのですが、今村助教授が地震の繰り返し、再来性を見てみると、一〇〇年に一度ぐらいで大地震が起こっている。彼が、もうそろそろその時期がくるから東京に関東大地震が起こるぞと言い出して、大森（房吉）教授がカンカンになって怒った。その後、大森教授が国外の学会に参加している間に大正関東地震が起こって、大森教授は帰りの船上で倒れ、帰国後に死去（脳腫瘍）という、大変有

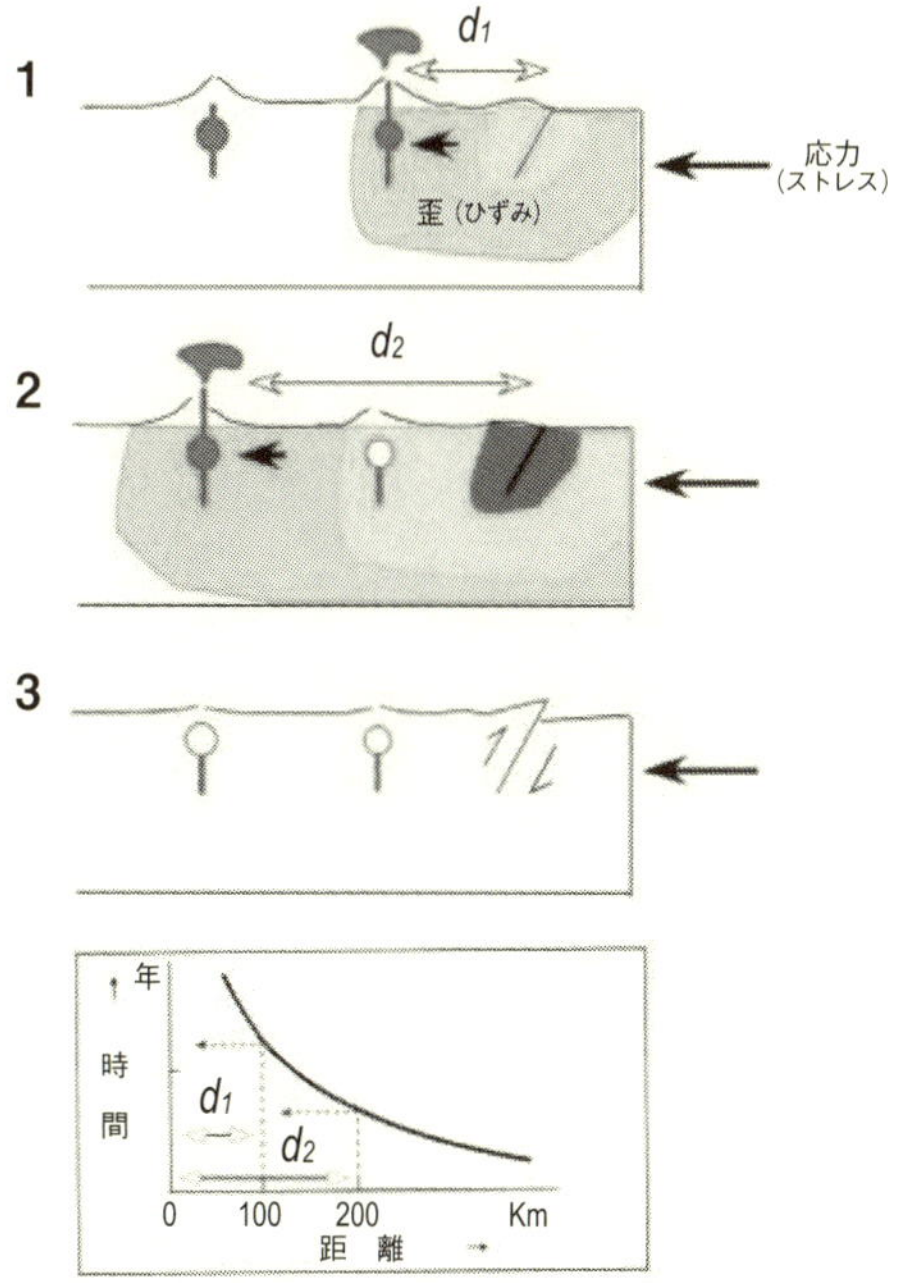

資料3

名な話があります。その学会がこの太平洋学術会議、当時の汎太平洋学術会議でした。

二〇〇七年の太平洋学術会議で私は、「都市を水没させるような地震はこれからも起こる」と発表し、こういう図を使いました（資料4）。東北の太平洋沖に、こんな広大な区間で巨大な地震が起きますよ。二〇一〇年ころまでにマグニチュード八を超えるような地震も起こり得ると。実際には二〇一一年にマグニチュード九・〇のスーパー巨大地震が起こったのです。この資料でM八プラスでとどめたのは、日本には去年まで九という数字はなかったからです。これは気象庁で使っていなかったからです。ただし、国際的には考えられていて、モーメントマグニチュードといわれています。私は日本人ですから、八を超えるような地震も起こる可能性がありますよと八プラスに託して出したのが、二〇〇七年

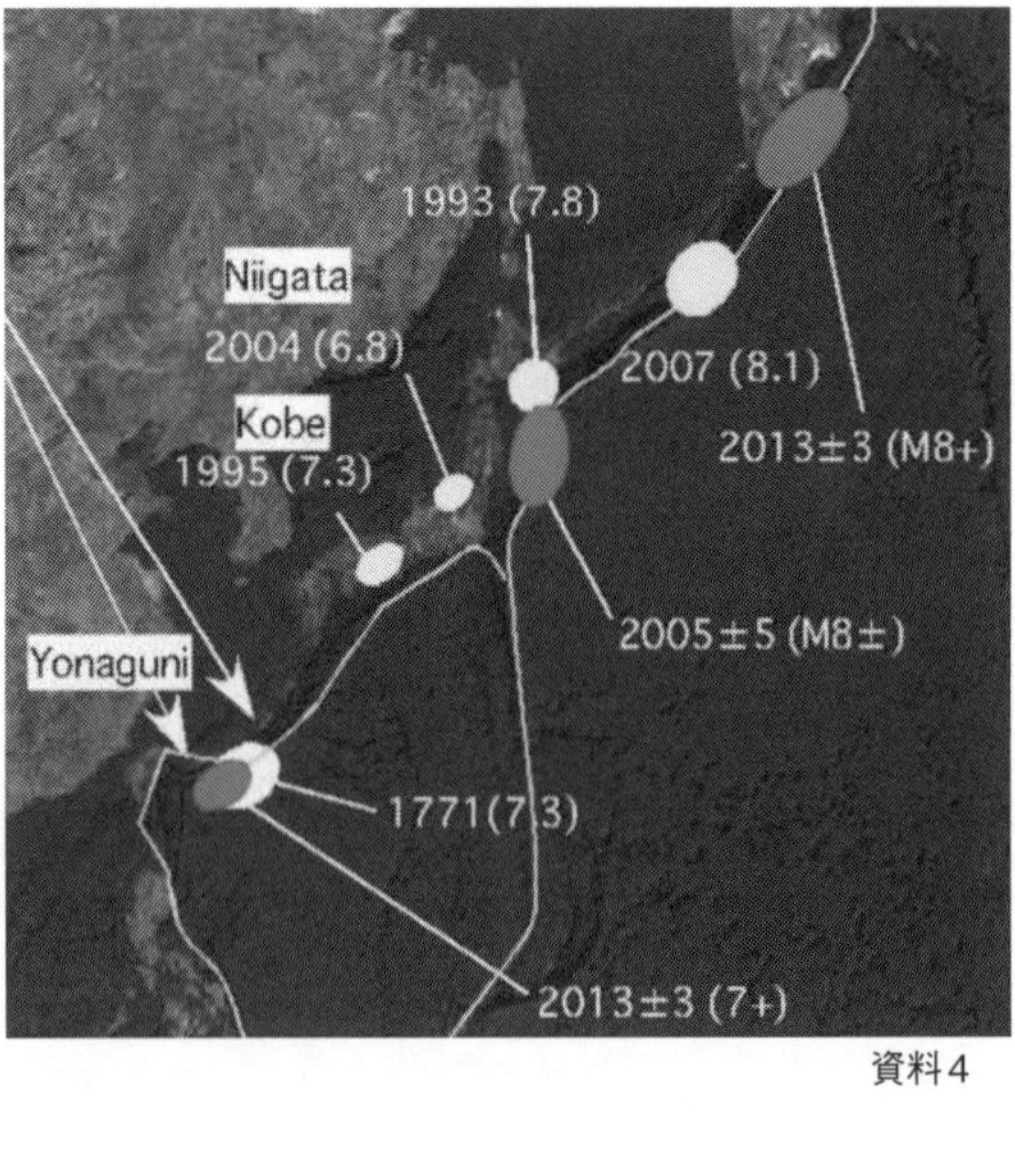

資料4

でした。発表の図（資料4）に示した予想円は、断層の大きさを表し、計算上はM九を超えます。結果的にはこの領域で、ほぼ予想したような年代でそのような地震が発生したわけです。ここで発表したのは事実です。しかも、この図自体は私が考えましたけれども、この発表は共同研究で二つの大学の研究者で行いました。私と琉球大学の教授と立正大学の教授との複数の研究者で行った仕事であります。だからそういう意味では、信頼性は高いと思われます。地震予知は絶対できないということはないのであって、こういう例もある。これがたまたまなのかは、今後の検証によると思います。

「次は西日本に注意」への疑問

ここで、私がなぜ東北沖のあんなに広範な区域で巨大地震が起こると考えたのか、これが重要だと思います。実は火山噴火がヒントを与えてくれたのです。（各学会では）当時もいまも火山噴火と大地震は関係ないという立場ですから、全然考えていないと思います。しかし、日本列島を見たときに、北海道方面には火山の噴火（資料5のだえんで塗りつぶされた部分）があるし、マグニチュード七以上の地震（資料5の棒線）もたくさん起こっている。西日本でもそうである。東北より北では大地震が三十年周期ぐらいでたくさん起こっている。関東より西のほうも、何回も起こっていて、地震発生の確率が高い地域だと。ところが、東北地域には大地震発生や大噴火が、ここ数十年間ほかに比べて極めて少なかった。特に巨大地震は発生していない。こういうところは、将来も大地震の発生確率の低いところとされるわけです。

ということで、日本政府はこの東北に、近い将来の巨大地震の可能性は少ないと考えたのですが、私は違うのですね。この東北の地にこれだけの間に大地震の発生がほとんどない。それから、地震が起こる前には必ず伴っていた、火山の大噴火もない。

この二つともないのは、ここには何も地震などの地殻変動が起こらないということではなくて、他の地域に比べて何かもっと大きなプレッシャーがかかっているのではないかと考えたわけなのですね。そうしたら、まさにここ（東北地方）でスーパー巨大地震が起きてしまった。日本で最も安全だという色分けをされたこの地域（資料1）は、ここ一〇〇年ぐらいの間に巨大地震、大噴火がなかったというだけで、将来もないということではなかったのです。また、この地が静かだということは、エネルギーを十分蓄える時間があったということなのですね。

そうすると、次に危ないのはどこかが大きな問題ですね。国の研究者は一様に、東京から西と言うわけですね。しかし、これまで最も安全と国が指定した地域で東日本大震災が発生してしまったことに対して、その図の作成者側から何の弁明もない。それなのに、なぜこの先、この地図（資料1）で危険と記されているから西日本に注意しなさいというのか、疑問を持つ国民は多いと思います。

ゲラーさんが指摘したことは、小学生でも分かる簡単なことですよ。「安全ですよ」と言っていたところで〝大地震〟があって、「危ないですよ」と言ったところで何もなかった。「これで国が信用できるのだろうか？」ということだと思います。しかしそうなってみると、当局は、危なくないと指定されたところでさえ〝スーパー巨大地震〟が起こったのだから、これまで国の防災マップで〝危ない〟といわれてきたところは、これから最も危険だと言っているように思われま

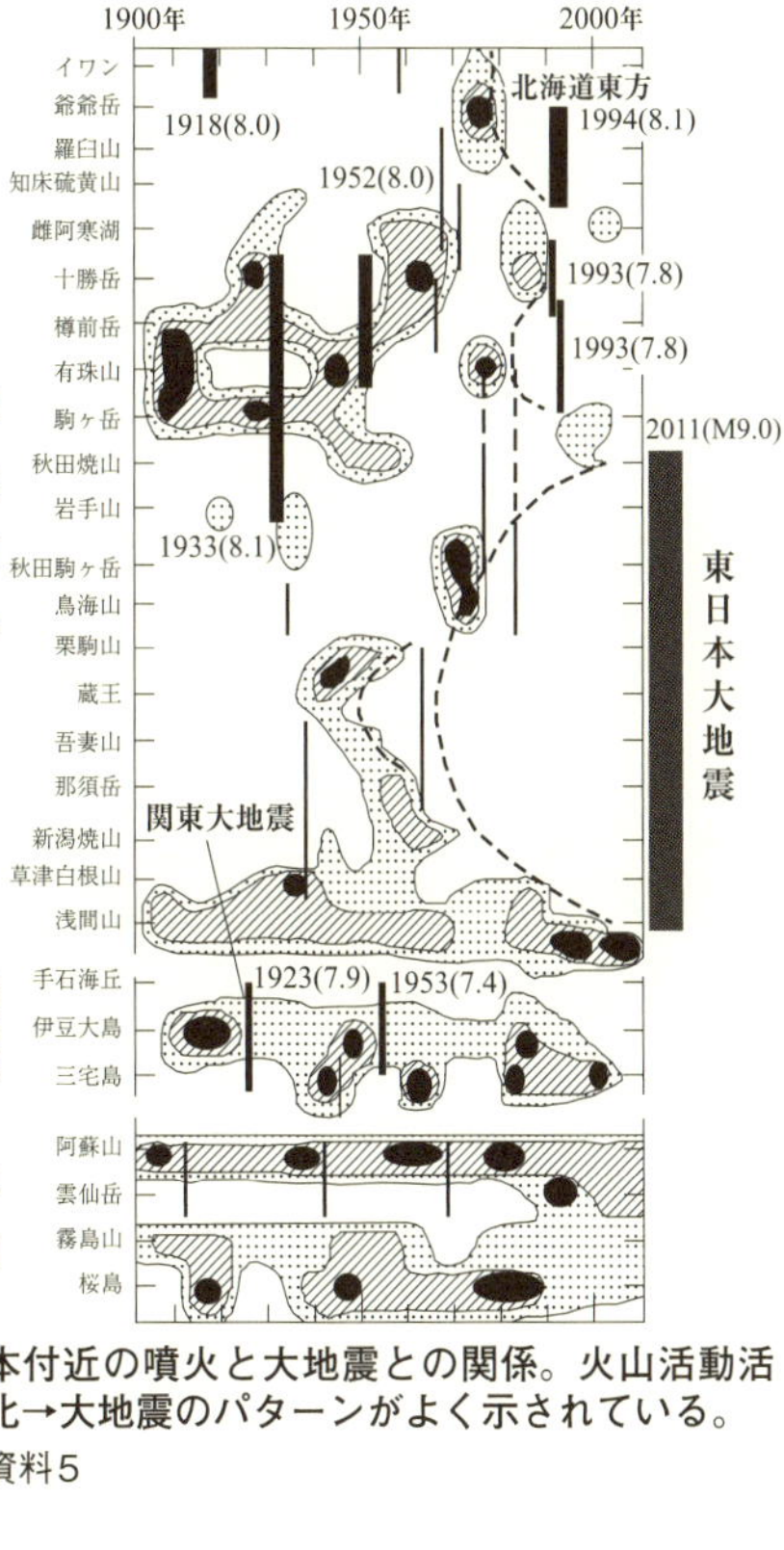

日本付近の噴火と大地震との関係。火山活動活発化→大地震のパターンがよく示されている。

資料5

す。東海地方が危ないと言っているのはそのよい例である。

しかし私の目から見ると、国の防災地図を素直に読めば、これまで繰り返し巨大地震が起こっていたところは、ストレスが抜けていて、将来特別大きな（スーパー巨大）地震が起こりにくい土地のはずだ。国の防災マップでこれから危険といわれている地域は、過去頻繁に大地震が発生してきたところになる。むしろ、ほかより大地震が起こりにくくはないのか。それが私にはよく分からないのですが、次から説明していきたいと思います。

「地震の目」を駆使して地震を予測

これ（資料3）は今回の東日本大震災以前に作っていた、火山噴火と地震の関係を示すダイアグラムです。この図は、東日本大地震の震源の中心（震央という）から四〇〇キロメートル以上離れた、たとえば伊豆大島・三原山が噴火するには、二五年かかるということを示しています。伊豆大島・三原山は一九八六年に大噴火しましたから、一九八六年に単純に二五年を足すと、二〇一一年に、三陸沖でスーパー地震が起きますよということを示してくれるグラフになるわけです。これで地震予知ができるわけです。長期予測ですが。

また地震を予測するには、そのほかに「地震の目」というものがあります。

「地震の目」というものは、最近私が言っている言葉です。大地震について、どこで起こるかはある意味では見当がつくといわれてきた。その場所は、空白域と呼ばれるものです。ところがこれまで、地震学者はその空白域を見ていて百%だまされてきた。いつまでたっても、そこで大地震が起こらないからです。

私の言う「地震の目」とは、空白域の中により小さな地震が密集して起こり始める場所を言います。「地震核」と言っていいのですが、一般の方には分かりづらいので「地震の目」と言っております。その目の発生から、経験則で、三〇年たつと大地震が起こるということが分かりました。

これ（資料6）は、阪神の兵庫県南部地震（『阪神・淡路大震災』マグニチュード七・三）が起こる数十年前からの地震回数のグラフです。一九六五年に立ち上がったということがこれで見てとれれば、そこで三〇年足して誤差プラスマイナス三にすると、それが本震、すなわち〝大地震の起こる年〟となるという法則を見つけました。一九六五に三〇年足しますと一九九五年。そのころに阪神地方に大地震が起こっても文句は言えないということです。一九九五年はまさに兵庫県南部地震が起こりました。

この図を作ったのは、その地震が起こる前でした。その当時、私は京都大学防災研究所の客員教授だったもので、同研究所が主催する研究集会で、そこでお世話になったお礼に何か発表しなければいけないということで発表したのがこれなのです。その集会にゲラーさんもいました。一九九四年です。日本中の地震関係の学者が集まったところで、「地震の目ができています、計算すると来年、この近くで大地震が起きますよ」と言うと、くすくすと笑い声が聞こえたのです。私は、信用していないなと思い、自分の著書（木村政昭『これから起こること』青春出版社、一九九四年、二一四ページの図）に載せておいたところ、翌一九九五年にその通りになってしまいました。そういう地震でした。

　今回の東北地方の東日本大地震のときはどうなのか。そこにも〝地震の

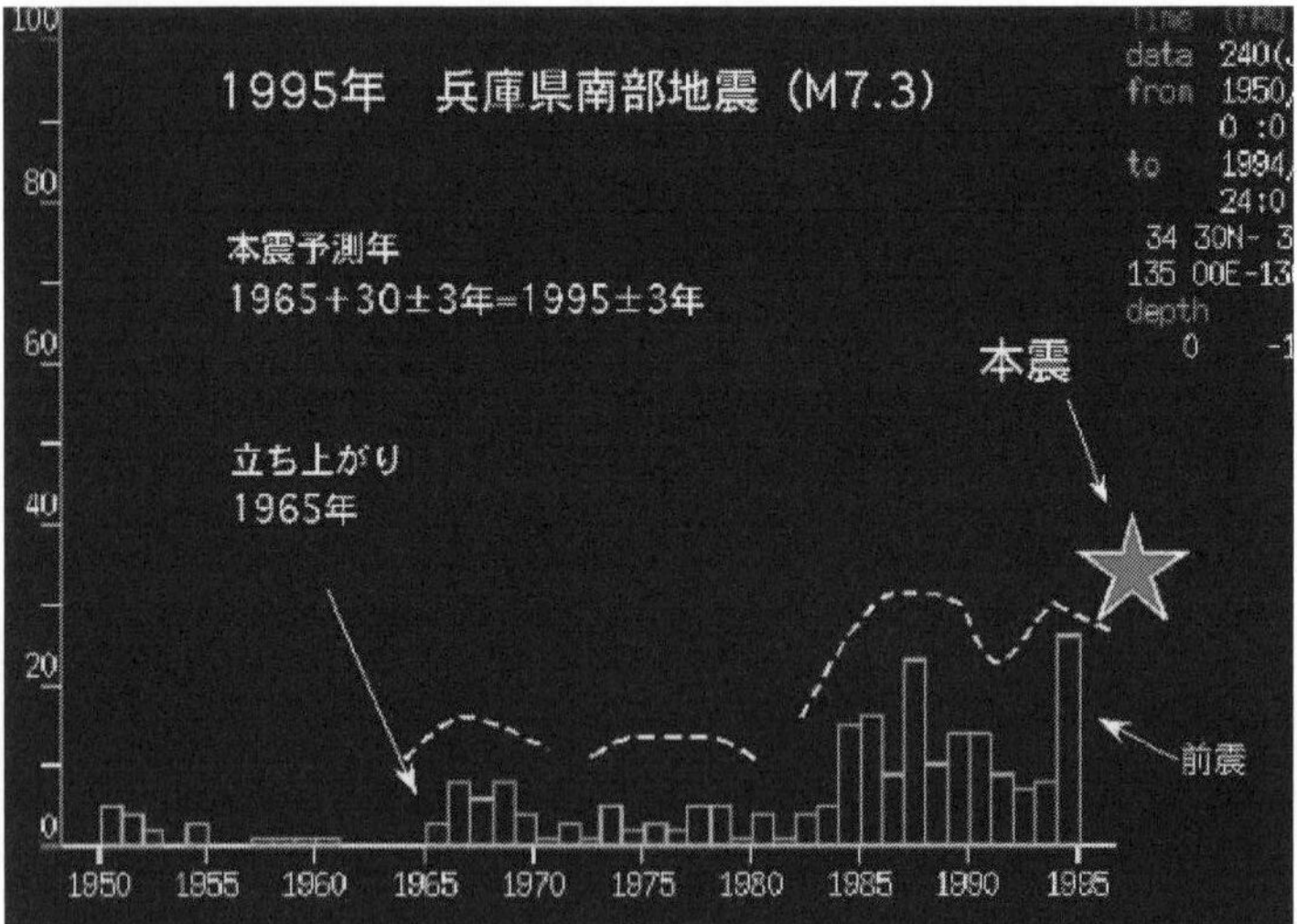

兵庫県南部地震前のM3以上（深さ100Km以浅）の通常地震活動。

資料6

目〟ができていました（資料7）。これ（資料8）を見てください。これは一九六〇年から二〇一〇年までのグラフです。この翌年にスーパー巨大地震が起こります。その一年前までの状態を見てみましょう。これは東大地震研究所のコンピューターシステムにより、気象庁が公表したデータを使って作製したものです。怪しいデータでも何でもありません。一般には、大地震は空白域に起こるといわれますから、周辺に大きな地震が起こっていて（ドーナツ現象）、そこには地震が起こっていない、そういうところを注意するのです。

ところが、私の見方はちがいます。東日本大地震の場合はそうではなくて、本震の前にここ（資料7）が真っ黒になるほど地震が起こっていたのです。私はこれを〝地震の目〟と言っています。だから、これはほかの研究者からは見逃されていました。地震の目の時系列を取ると、こういうもの（資料8）ができました。二〇一一年の大震災よりも一年前までのデータを使って出されたものです。そのデータで〝目〟内の地震の時空間的な数の変化に注目してください。目内の地震数が一九七八年に急増します。その年に三〇年を加え誤差を見積もると、これは二〇一一年ころまでに大地震が起こる可能性があることを示します。二〇〇七年の太平洋学術会議で示した数値は、こうして算出しました。図で示したマグニチュードは、〝地震の目〟の大きさから算出されます。計算では、マグニチュード九・一となりましたが、日本の気象庁の規定ではマグニチュード九はありませんでした

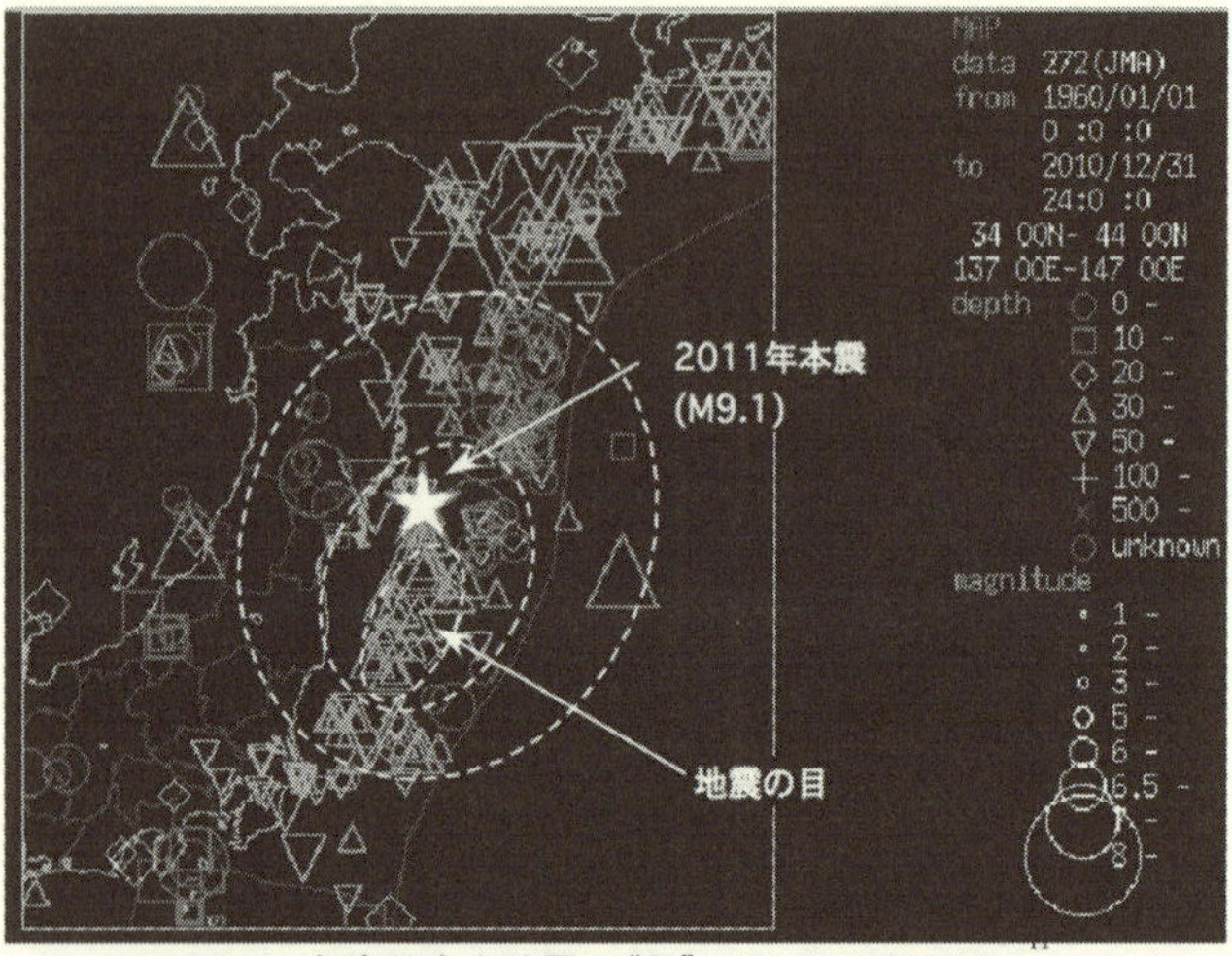

資料7

2011 年東日本大地震の“目”。M>6, D<100Km

資料8

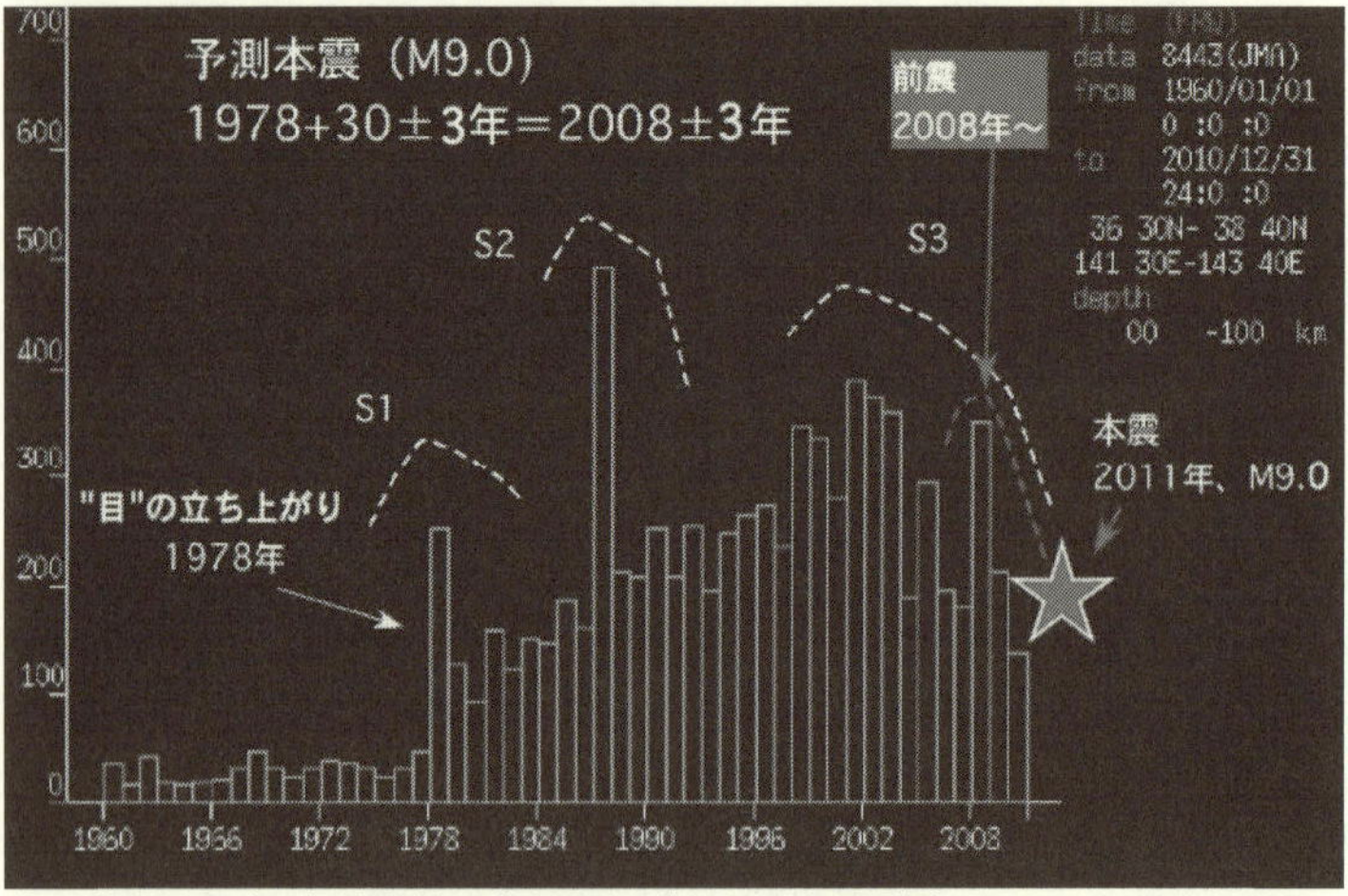

東日本大地震（9.0）発生前の“地震の目”からの本震予測。M ≧ 3.0, D ≦ 100Km

ので、図中のだえんの長径でそれを示し、数値的にはマグニチュード八プラスとして示しました。

結果は、大変きれいに出ていると思います。この方法で、将来も振り返ってみることができるし、ほかの地震についてもこれで検証できるということです。

東日本大震災後、国関係機関では首都圏や西日本東京等が危ないと言っているが、それはいつですかと聞くと誰も答えてくださらない。それでは予知にならないと思っています。

次のスーパー巨大地震はどこか

これ（写真1）はおととし、東北のスーパー巨大地震発生の一年前に、外房を調査したときのものです。コンパスそれぞれがばらばらの方位を示しています。また、あるところに行くとくるくると回ってしまって止まらない。これは大震災前にテレビ放映されました。周辺にコンパスに影響を与えるものは見当たらない場所です。これは、このあたりの地下にひずみが蓄積されて、地殻内

写真1

の石英が破壊され、ピエゾ電気が発生して生じた現象と思われました。しかしどうしてこの外房一帯でこういう現象が現れるのか、まさか例の東日本の沖合の地震発生が近いのでは？　と思い、協力者に呼びかけ現地調査を進めていました。果たして翌年、東北でスーパー巨大地震が発生しました。事前には、地殻内にいろいろな変化があるのです。これからは、こういう予兆を捉えることにより、直前予知への手がかりも増してくると思われます。

これ（資料9）は日本周辺の海底地形図ですが、およそ三〇〇年前に日本列島で三連動型の巨大地震が続いた時期があります。一七〇七年に五畿七道地震、そして大正関東地震の一時代前の大地震とされる元禄の関東地震。琉球列島では、一七七一年に、八重山方面でギネスブックにも載っていた世界最大の津波が起こっているのですね。津波の高さ八〇メートルと言われたのですが、最近の調査ではどうも一〇メートルほどの波高で三〇メートルぐらいの遡上高が事実ではないかと思われています。ほぼ今回の東日本大地震による津波の規模に匹敵するものだったのでしょう。

実はこれからがまた問題なのです。これまでにこういうスーパー巨大地震が起こらなかったところが、日本海溝と伊豆・小笠原海溝そして南西諸島海溝沿いに残っていたのです。その中の日本海溝で今回のスーパー巨大地震が発生しました。そうすると、次はどこが危ないのかとなるのです。国は、東海地震を含めて関西日本沖の三つの巨大地震が連動してスーパー地震が起こるだろうと指摘し、その方向で動いています。

もう一つは、東京湾が危ないといわれています。そこで巨大地震が発生するというものですが、私の〝地震の目〟などからチェックしてみると、それはないと思います。より慎重な検討が必要と思われます。

資料9

話は戻りますが、この地域（いわき市）に対して、実は、東日本大地震の震源はこちら（仙台市の東方）にあったのです。なぜこちらに波がきたのかというと、その沖の海底地形に問題があったと思われます。この海面にいわき市の方に向かう海底の谷が走っています。深海の水塊がここの谷に沿ってそちらに上がってきた、この可能性が大きいだろうと思います。ですからこれからは、海岸沿いに重要なものを建てるときには、海底地形をきちんと検討して計画を立てるべきと思われます。

さてこれからの重要な問題は、次のスーパー巨大地震の可能性はあるのだろうか、そしてそれはいつどこであるのですかということでしょう。私の推定では、資料9の中で丸印をつけた北海道東北沖、房総沖から伊豆・小笠原沖、九州沖から奄美沖にかけて、石垣島沖から台湾にかけて。それぞれマグニチュード八・五ほどと推定されます。地震の発生予想時期は以下のような試算となります。次に示した数値はあくまでも暫定値で、今後の学術的作業の参考に資するためのものです。以上の試（私）算は、北から南へ、①北海道東方沖（2010±3年、M8・5）、②房総南方（伊豆諸島）沖（2018±3年）、③九州－奄美近海（2018±3年）、④八重山・台湾沖（2020±3、M8・5）となる計算です。

福島県のこの地は、スーパー巨大地震の直撃に関しては、日本で最も心配のない地と思われます。ただし、図（資料1）に示されるように、今後周辺のプレート境界のストレス解放の影響を受ける可能性は否定できません。また、太平洋プレートで発生する周辺域の津波等に関しては、注意する必要があるでしょう。当地からはそれぞれ一定程度距離が離れているため、油断さえしなえれば被害は最小限に抑えられると思われます。そのためにこの図が、役立つことを願っています。

むしろ、関東・東海方面に一定の影響が及ぶ可能性は否定できないでしょう。ただし、東海・西日本自体には、大地震の目はできていないと判断

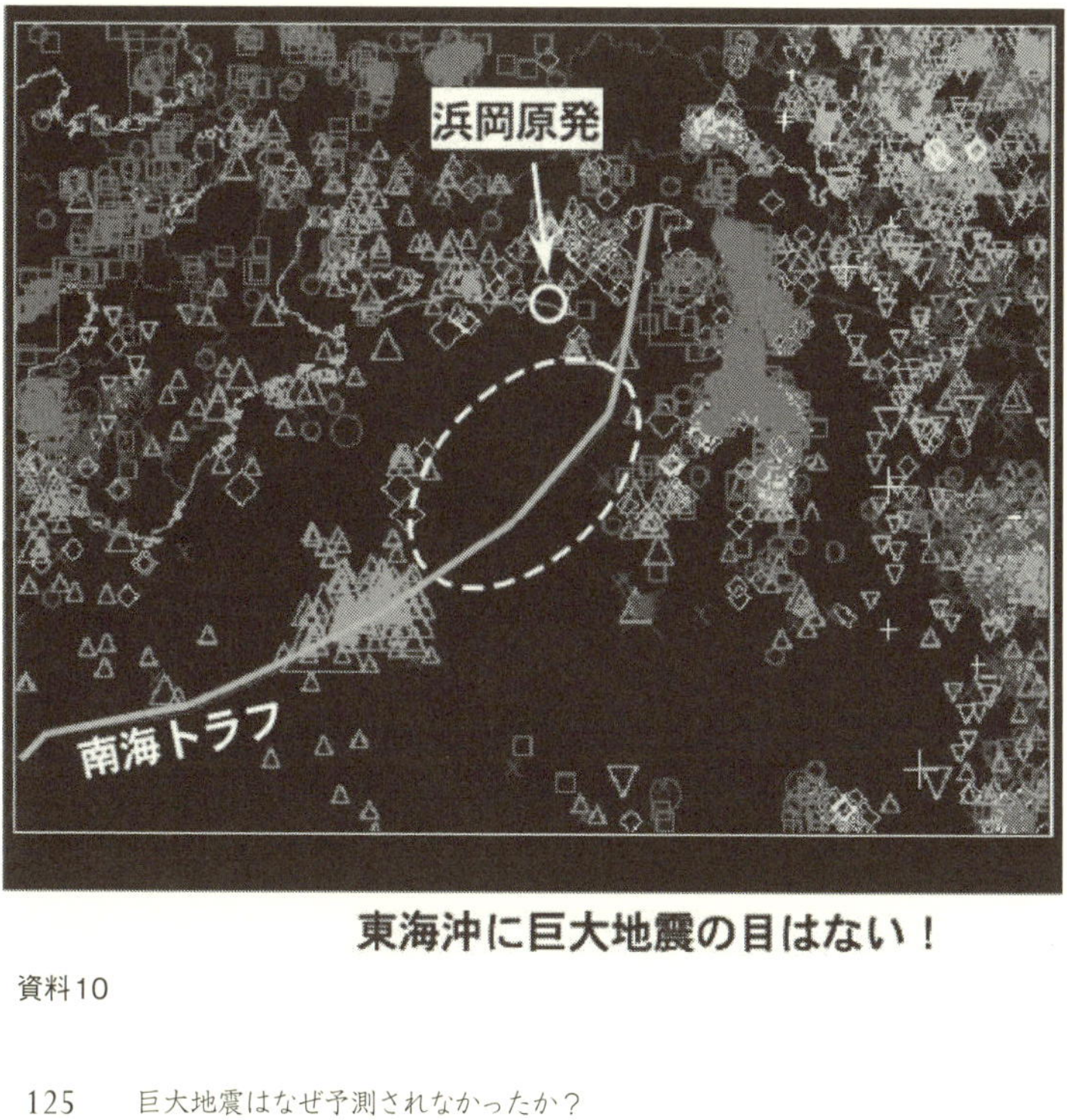

東海沖に巨大地震の目はない！

資料10

されます。（資料10）私は、マグニチュード六・五以下の地震が発生する範囲を巨大地震の目と言っていますが、それがそこにはないのです。これでは大地震の起こりようがない。だから、永久にということではありませんが、ここは当分安全ではないかと思っています。

（二〇一二年八月二十二日、小名浜オーシャンホテルで開かれた昌平學交誼会夏期研修会での講演）

いわきから問う
東日本大震災

ユートピアではなく、故郷がほしい！

3・11の文明史的意味

松本健一

MATSUMOTO Ken-ichi

石川啄木の夢と憧れ

今日は、「ユートピアではなく、故郷がほしい！」というテーマで、話をしたいと思います。ユートピアというのは理想郷です。

昨年の三・一一東日本大震災。そしてまた、その後で福島第一原発の事故が起きて、日本は今、大変な災難、国難とも言っていい、そういう事態に立ち入っています。そういうときに、われわれはユートピアを求めるのではなく、理想郷を求めるのではなく、むしろ失ってしまった故郷を取り戻したい。東日本の人々は失ってしまった故郷がほしいと思っている、そういうことを今日は話していこうと思います。

皆さんは若いから、だいたい外の世界に対する憧れを持ちます。近代的で文明的な東京に行きたいというふうに思っている、そういう憧れ。そういうものを、この一〇〇年間、日本人はずっと抱き続けてきました。

ヨーロッパの十八、十九世紀に、「都市神話」というのがありました。そのキーワードというのは、「都市は人間を自由にする」です。いわき市も、十分に近代都市でありますが、いわき市に、東京が持っているような人間を日常の連続から自由に解放する機能というものは、あるか。ディズニーランドがあるか、ディズニーシーがあるか、あるいはスカイツリーがあるか、そういう自由や豊かさの幻想を与えてくれる機能はあるかと考えていると、いわきをはじめ、地方都市にはそういう機能がない、自分の能力を無限に発揮したいと考えた場合、都会に出て行かなければならない。これが「都市神話」のもつ幻想なんですね。

都会で、自由に自分の才能を試してみたい。これは、たぶん皆さんと同じぐらいの年齢だった石川啄木が一六歳のころから描いていた、そういう夢です。彼は一六歳ぐらいのときに、すでに東京に出て行きたいと思っていた。東北の盛岡よりももっと北の渋民《しぶたみ》村というところにいて、お寺のお坊さんの子どもでありました。今行っても、その周りにお寺のほかにあるのは、啄木記念館ができていますけれども、田んぼ、畑、岩手山、そして岩手山のふもとを流れる北上川。そういう自然は、石川啄木の時代から一〇〇年以上たっていても全部あります。しかし、そこに喫茶店があるか、ディスコがあるか、劇場があるか。何もありません。映画館もありません。

そういう地方の田舎で、石川啄木のように詩を書いて、自分の天才を発揮してみたいと思う憧れがある。ですから、石川啄木が二〇歳になったころに出した詩集のタイトルは、『あこがれ』といいます。「あこがれ」はいま、ここにある、自分の否定。これは、田舎には何もない。むしろ、新しい近代の都市に行って、詩で自分の名声を獲得したい、そういう人生に憧れています。そういうロマン主義的詩人であります。

憧れは、「あくがれ」というのが古語、日本の古い言葉であります。「あく」というのは在所という意味です。ここ。「がれ」というのは、離れると書きます。あくがれ、憧れというのは、今ここにいて、ここで生活をするのではなくて、そういうものから離れて都会に行けば、自由がある、すべてそろっている、場合によってはアメリカに行きたいというふうに思う憧れを持つ。そういう感情です。

ですから、この「憧れ」の言葉の使い方をみますと、たとえば平安時代の和泉式部《いずみしきぶ》という日本を代表する女性歌人がいます。次のような和歌をつくるのです。「もの思へば沢の蛍もわが身よりあくがれ出づる魂かとぞみる」。すごい歌でありまして、一〇〇〇年前につくられた。一〇〇〇年前につくられたけれども、今の日本人にその心が伝わってくる。そういう歌が、実は、日本の文化なのです。日本の文化の素晴らしさです。

「もの思へば」というのは、恋をすればということで、単純にものを思っているということではなくて、あの当時の言葉でいうと、恋をすれば、です。「もの思へば沢の蛍もわが身より」、京都の北の貴船《きぶね》川の谷川の沢のあたりは、昼間でも暗いのです。森の中や、山の下の谷の間にある。昼間でも暗い。その昼間でも暗いところを、歩いて自分の恋が成就するように、貴い女性の神さまの貴船神社にお参りするのです。

すると、目の前をすうっと、昼間ですから、ぴかぴか光っているというのではなくて、ぼうっという光が飛んでいく。沢の蛍です。「沢の蛍もわが身より」私の体から、「あくがれ出づる」ここにいるのが嫌だと言って、恋を成就するために、何とか恋がかなうように、というふうに憧れている魂がある。その魂の思いが非常に強いために、私の体から、いまある所からふわっと逃げて、あの人のところへ行ってしまう。あるいは、あの人のところに行ってみたいとしきりに思う、その思いが強すぎるから、私の心から魂が抜けて、目の前を蛍となって飛んでいきます。そういう詩歌なのです。この憧れの心にしても、霊魂が抜けてしまうような、そういう切ない恋という思いが、今でも日本人に通じる詩となっているのです。

憧れるということはそれだけ強い思いであって、和泉式部の千年後のあなた方も、そしておそらく今後一〇〇〇年間、和歌というものは続くだろう、短歌というものは続くだろうと思いますし、日本人という民族の生命もその詩に強調されるように、一〇〇〇年後にも、まだ生き残っているだろうと感じられます。

ともかく、そういう憧れの心というのは、いつの時代でも、どこでも、われわれ人間の心にはある。それを日本語で、和歌で表記できるというのが、日本人に生まれた運命であると同時に、喜び悲しみでもあるということです。これは日本という風土と歴史を故郷とした民族の、面白いところである、と思います。

あなた方ができるだけ早く故郷を離れて、都会に出て行きたい。あるいは、近代の文明世界に入って行きたいというロマン主義的な心があるのは、これは青年であるかぎり、誰もが思うのです。

しかし一方では、自分の土地や文化というものを、よく知っておいたほうがいい。これはたとえば、あなた方はまだ若いから、いずれ政治家になりたいと思う人がいるかもしれません。

政治家に向かない福島の精神風土

三年ほど前、司馬遼太郎の『坂の上の雲』という作品が、ＮＨＫの大河ドラマみたいなものになりました。スペシャル番組です。三年間の大河企画でした。わたしはその諮問委員をやっていたのです。そのときに、松山東高校という愛媛県の高校に、講演を頼まれて行きました。

その高校は生徒が一学年八〇〇人います。ですから、三学年集まると二四〇〇人になる。大学受験の季節でしたから、一年生と二年生だけに話をしてきました。それでも一六〇〇人いるのです。

十二月で寒い。愛媛県では珍しく雪が降っている。あそこは一年に一回くらいしか雪が降りません。そういう日でありました。体育館に集まった高校生たちは、ふつうのパイプ椅子に座っていたわけですから、なかなか寒かっただろうと思います。

そこで、高校の一年生と二年生でならばいろいろと希望を持っていると思いますけれども、松山の人は、基本的に政治家にならないほうがいい。これは、私の独断でありますけれども、そういうふうに言いました。松山出身の有名な政治家というのは、一人もいないのです。首相になった人が、一人もいない。

それは、この福島県も同じであります。福島で首相になった人はいません。こういう歴史と文化の土地の人は、政治家にならないほうがいい。それでもよほど決心して、こういう伝統と特徴のある土地なんだと意識して、それを全部変えていくような、そういう政治をしてみたいと思う場合は、ものすごく熟慮と工夫が必要なのです。

日本で、首相をいちばん多く出している県はどこの県か、あまり考えたことがないでしょう。山口県です。首相が今までに八人出ています。菅直人さんは、山口県の宇部高校を出ていますから、かれも山口出身と考えると九人。自民党が政権に復帰し、安倍晋三さんがもう一度首相になったので、一〇人になります。これが日本でいちばん多く政治家を出している県、昔の長州藩です。山口県は、一二〇年前の戊辰《ぼしん》戦争のときに勝って、木戸《きど》孝允《たかよし》以来、明治政府の中枢をつくった藩でした。ですから、戦後の首相でも岸信介《きしのぶすけ》さんとか、あるいは今度の安倍晋三さんとか、戦前は初代首相の伊藤博文から山県有朋《やまがたありとも》、たくさんの首相を出してきた。

二番目はどこかというと、岩手県、昔の南部藩です。そこは五人出している。中学、高校の教科書にも載っている日本の政党政治をつくった原敬《はらたかし》さん。第二次世界大戦を始めた東条英機《とうじょうひでき》さんもそうであります。海軍大臣から首相になった米内光政《よないみつまさ》さんもそうであります。とにかくそういうふうに考えると、それから斎藤実《さいとうまこと》さんとか、戦後になると鈴木善幸《すずきぜんこう》さん、岩手県の、三陸辺で漁業組合長をやっていた人です。その人まで含めると五人出ているのです。

その次に多いのは私のいた群馬県です。中曽根康弘さんとか、福田赳夫《ふくだたけお》さん、小渕恵三《おぶちけいぞう》さん、そして福田さんの息子さんの福田康夫さん、その四人。

ところで、私は今年の二月に東京会津会の一〇〇年を記念して、その会津の人々に講演をしたのです。会津の人々も含めて、福島県の人々は政治には向いていません。というか、そういうふうな政治家になるルートと特性がないのです。

では、政治家にまったく向いていないかというと、そこが福島の面白いところです。たとえば、伊東正義《いとうまさよし》さんという福島県会津出身の政治家は、大平正芳さんが首相で病気で亡くなってしまったときに、「おまえは、官房長官だから首相になれ」というふうに言われたときに「私は、なりたくない」、そういうふうに言った人です。単なるわがままかというと、伊東さんは、「政治は正しいことをやらなければならない」という思想を持っていたのです。正しい政治をやらなければならない。ところが、政治は必ずしも正しさを行わない。政治は思想的正しさのみならず、力とか、妥協とかを必要とするのです。

昨年の三・一一の東日本大震災の後、福島第一原発の事故が起きて、ちょうど私は内閣官房参与で、首相官邸におりました。菅さんが首相でありました。東日本大震災後の復興、原発事故の対応に対しては、「菅なんかには任せておけない」というふうに言って、民主党内で引きずりおろす運動がありました。いやいや、それだけじゃなくて「民主党それ自体にも、政治なんか任せておけない」。そう言って、国会議員たちが自民党に政権をよこせというふうに主張する。

そうすると、国会のある永田町で行われていたことは、政党の党利党略、つまりお互いの足の引っ張り合いであったり、あいつに能力なんてあるものかという罵倒、批判、非難、その応酬合戦でした。今、東日本大震災が起きて、福島原発事故で放射能漏出が起きている困難のときです。日本国民の関心は、東日本の海辺に家が一軒もなくなってしまっている状況、そして、福島の人々は、原発事故、放射能の漏洩《ろうえい》を避け、他県へと逃げて行かざるを得ない。そういう国家の非常時に立ち向かうのが政治家である。いや、政治家はそうでなければいけないと、われわれはみんな思うわけです。

今の一番の大事は何なのか。国として、国民として、対処していくべきことは、東日本大震災からの復興であるとか、あるいは福島第一原発の放射能漏洩の問題である。これを、何とか政治家に解決してもらいたいと思うのですけれども。しかし、そのときに政治家は権力争いにあけくれていました。これが始まると政治家というのは、もう興奮状態になってしまうのですね。ですから、ほとんど国家的に政治がストップしてしまう。そういう政党政治の悲惨な状況が、ありました。しかも、この東日本大震災というのは、原子力発電のことにかぎらず、たとえば岩手県宮古市の田老地区の高さ一〇・五メートル、長さ二・五キロのコンクリートの「万里の長城」の防潮堤が破壊されたように、人間が自然を克服し、征服し、コントロールできるという近代の文明観がみごとに打倒された出来事でした。そこで問われていたのは、近代の文明史的転換でした。

一〇・五メートルの高さのコンクリート防潮堤でダメなら二〇メートルの防潮堤を、というのが、工学系の学者の意見でした。しかし、津波は波高四〇メートルを超えていたのです。それは、人間は自然を克服できない、むしろ自然の脅威と「共生」していくような文明史的転換点である、という認識が必要だったのです。

そのときに、福島県の伊東正義さんのような政治家がいたら、政治はいま正しいことをやらなければならない、と考えたでしょう。しかし、政治はすぐに正しいことなんかやらない。誰がそれを担当するか。いや、誰と誰が手を組んだらこれはできるのかとか。震災後の復興や、放射能被害の救済のためには、法律をつくらなければならない。法律がないとお金が出ないからです。

復興予算にしても、「復興基本法」みたいな法律ができなければ、年度予算とは別にそのお金が出ない。現在はその法律ができているから、五年で一九兆円、それでは足りなくなって二二兆円というふうに言われております。そういうふうな法律がなければ、お金が出ない。そのために各政党がお互いに折り合い、取引し始めるというかたちになります。

すぐに正しいことをやればいいじゃないか、とわれわれ庶民は思うのですが、法律をつくるのがうまい官僚を引き込んでこなければいけない、お金を引っ張ってくるのがうまい官僚を手に入れなければいけない。こういうことの争いを政党間で始めてしまうわけです。これが、非常にまずいわけです。そんなことは二の次だ。政治は正しくなければいけないというふうに考えるのが、伊東正義さんという政治家でありました。私は伊東さんが官房長官だった当時、大学生だったのですけれど、なんで伊東さんは首相をやらないんだろう、あの人がやってくれれば正しい政治をやってくれるのに、と思っていました。

しかし、一四〇年前、会津藩が戊辰戦争で負けたことによって、日本の政治の中枢にタッチできなくなった。政治にルートがなかったから、福島県の政治家としては、国家のトップに出ていけなかったのです。それから、先ほど名前を出しました、愛媛県の場合は、松山藩主の先祖が家康の弟で徳川親藩ですから、明治維新のときの負け組です。それで明治政府の中枢には、一人も入れなかった。だから、政治家になるノウハウがなく、有名な政治家は一人もいない。首相になった人も、一人もいないのです。

ところが、この愛媛県松山の伝統というもの、精神風土の特徴というものが、文学者、あるいは文化人というものをたくさん出すのです。政治には出ていかないが、文学や俳句をつくる人がたくさん出ている。正岡子規《まさおかしき》、皆さん名前を知っていますね。それから高浜《たかはま》虚子《きょし》、河東碧梧桐《かわひがしへきごとう》、あるいは松根東洋城《まつねとうようじょう》とか。

われわれの世代でいうと、「降る雪や明治は遠くなりにけり」という中村草田男《なかむらくさたお》さんという俳句作家がいる。彼も松山出身です。正岡子規のみならず、松根東洋城さんというのは夏目漱石さんの友達でありますけれども、ほとんどが文学者です。

これは、戦後になっても続くのです。大江健三郎《おおえけんざぶろう》さんが、その松山東高校の出身であります。そして、その友人で作家、映画俳優、映画監督だった伊丹十三《いたみじゅうぞう》さん。奥さんが宮本信子さんで、『お葬式』とかそういう映画をつくりました。

とにかく、政治の方向に出ていかないで、文学のほうに出ていくという人材は、松山特有のルートと感性とノウハウを持っている。だから、自分の故郷はどういうところか、どういう歴史を持っていて、どういう精神風土になっているということを知っていると、世の中に出ていきやすくなると思います。もちろん、それを逆手にとることもできる。

それは、同じく福島の人々についても言える。福島と会津では、ちょっとそういう精神的な風土が違いますけれど。会津にはこのほんの十数年前まで、国立大学もなかった。国立大学なんかつくると、いずれ明治政府に反抗するような人物が出てくるからつくらせないという。

もっとひどいのは、戊辰戦争で負けた新潟県の長岡市。長岡藩というのは、お城の真上に、今の上越新幹線の駅があります。お城が再建できないように昔の国鉄の駅がつくられた。そして、その後はＪＲの新幹線の駅がつくられているという状態になります。

天守閣の意味するもの

福島県は、それほどではなく、会津若松にはお城は残され、復元されました。それが、地元の誇りになっています。地方文化になっている。日本の文化というのは、非常に面白いところがありまして。会津若松のお城も、そうでありますけれども。城下、お城、天守閣というものに誇りを持っている地方が多いのです。

たとえば、弘前市なども天守閣がある。高知城もあるのです。だいたい、日本のお城の、天守閣の屋根は黒、壁は白、石垣は灰色。黒、白、灰色、後ろに青い空があって、そのお城の前に桜の花でも咲いていれば、ああ、日本だなと。多くの地方では、日本の美しさを象徴しているのが黒、白、灰色の天守閣の前にある桜の花であるな、と思うのです。そういうふうに誇りを持っている地方の人が多いのです。天守閣は、まさに日本の文化であり、地方文化の誇りであるというふうに言えると思います。

しかし、これが面白いのです。これは、覚えておくと一生役に立ちます。あの天守閣というのは、日本全国いろんなところにあります。けれども、信長の時代より前にはない。

信長が、安土城に天守閣、本来は天主閣ですが、それをつくろうと思った理由は何かというと、その当時、キリスト教、カトリックの中心地であるローマのバチカンから、イエズス会という、だいたいポルトガルとスペインの神父でありますけれども、宣教師が日本に来ているわけです。それで、信長の前に出ていく。おまえたちは何をしに来たのかと尋ねるとイエスズ会の人々が、今われわれは、ポルトガルとスペインで世界の三分の二を支配していますと言うのです。いや、そんなことあるのかと思いがちですけれども、たとえば、南アメリカに行けば、話している言葉はブラジルだけがポルトガル語、あとは全部スペイン語でしょう。アルゼンチンでも、チリでも、コロンビアでも、メキシコでも、みんなスペイン語です。スペインとポルトガルで、みんな分け合ってしまったのです。みんな国の名前はあるのですよ。だけど、そこをバチカンが全部支配していった。

信長が、あなた方が、遠いところから世界を回って日本まで来たと言うけれども、そういう未知の国、言葉も通じないような国で、どのようにして支配するのだというふうに尋ねたら、われわれは、まず天主堂を建てると。天主堂を建てるとどういうことになるかというと世界各国の地方にはみんなその地方の神様がいるわけです。イスラム教ならアラーがいたり、日本だったら天照大神《あまてらすおおみかみ》がいたり、インドならヒンドゥー教のシヴァ神がいたり、女神のカーリーという女性の神様がいたりする。しかし、世界全体を支配し、そして皆さん方の人々の幸せを祈って、心を救っていく神様としては、ゴッドしかいません。ゴッドを崇拝し、祭る、天主堂とはそういう教会です。天の主であるゴッドを祭る教会。その天主堂をわれわれはつくる。あなた方の地方の神様は、それはそれでよろしい。しかし、世界全体の神様が一人おられる。その神様を崇拝すれば、あなた方にパンを与えましょう。ジャガイモのつくり方を教えてあげましょう。薬もあげましょう。というかたちでキリスト教を布教するわけです。

全く言葉が通じなくとも、天主堂をつくってみんなにそこをお参りさせる。そうすると、世界の三分の二は、フィリピンに来ても、スペイン語でカトリックを布教する。フィリピンというのはフェリペというスペインの航海王、そしてポルトガルの国王もやっていた人の名前です。

ポルトガルやスペインが台湾に来ても、そういうふうにキリスト教の天主堂をつくる。このようにしてわれわれは、世界を支配してきたのです、というふうに言うのです。これをきいて信長はそうか、それじゃあ、俺も天主堂と同じようなものをつくろう。そして、日本の天下を、一人の主が治めているということを、見せてやろう。そういう思いで、安土城に天守閣をつくったのです。

だから、最初は天守閣というのは、天の主の高い建物、天主閣というふうに書いてある。天主堂の天主と同じ。このとき、信長のつくった天主閣というのは、表面五層、五階建て、内面が内の部分は七階建て。こういうのが建てられるのです。そして、安土に北の福井のほうから琵琶湖を越えてきても、西の京都の比叡山を越えてきても、南の奈良のほうから宇治川を越えてきても、東の名古屋のほうから、あるいは関東のほうから関が原を越えてきても、どこからも見て取れるように、安土城は標高一九〇メートル、琵琶湖の水面から一一九メートルの山の上に四五メートル、城全体では二〇〇メートルぐらいの高さの天守閣をつくってしまう。これが、日本の主であるということを見せる。だから、信長の天主閣の設計図は天主堂と同じなのです。キリスト教の天主堂と同じなのです。

あなた方が、いつか機会があったら中国のマカオというところに行ってみてください。一度見ておくといい。そこに、セントポール天主堂というのが、現在でも残っています。火事で内面は全部焼けてしまった。いちばん表面の部分だけ、かろうじて残っている。中部は地下に二階があって、そこに米蔵があったり、それから地下牢があったりするということが分かる。表層、表面は五階建て、内面は七階建てになっている。

それと同じです。信長がつくった安土城の天主閣と同じものが、中国のマカオというところに残っています。すごい構想力と建築技術だな、信長という人はやっぱり一種の天才だな。そのうち信長は天下をとる動きを示します。それを徳川家康も豊臣秀吉もみんなまねをして、江戸時代になると、みんなどこの藩もまねするわけです。そのようにして世界を支配する。

天守閣の話が長くなってしまいました。そこの地方が、何に誇りを持っているか。いや、どういうふうに郷土の誇りというもの、アイデンティティーというものがつくられたのか。この地方の特色は何なのか。ということを知っておくということが、非常に重要になってきます。

「改正教育基本法」における郷土

ところが、日本近代、とくに戦後の学問というか勉強は、郷土のこと、自分たちの住んでいる風土、そしてそこの文化とか歴史というものを、教えないできています。明治ごろは、まだ教えていました。「故郷《ふるさと》」という唱歌にも歌われていますが、郷土はいずれ帰ってゆく場所だったからです。

けれども、第二次世界大戦後になってからは、まず、世界の国々の教養を手に入れていこうという。これはこれで、とてもいいことなのですけれども、そのことによって、基本的に自分の住んでいるところの歴史や文化というものは、教えなくなった。戦争を根底で支えた故郷というものは捨てていきなさい、というアメリカ式教育が行われた。フランシス・フクヤマの『歴史の終わり』という有名な本では、故郷やそこの文化にこだわってはいけない、と説かれています。ですから、郷土読本なんていうのは、ほとんどつくられなくなった。

これが、五年前ぐらいに、安倍晋三さんが以前首相をやっていたときに自公政権から相談されて、「教育基本法」を変えてみたいと思うんだと。そこに、愛国心を謳《うた》いたい。その当時は、大変に批判が出ていた。愛国心があの戦争を、日本の戦争を起こしたじゃないか。そこで、愛国心というふうなことを「教育基本法」の改正に入れていいのかどうか、相談をされたことがあります。このことは、私は外でほとんど話をしたことがない。

だいたい私は民主党の、菅政権のアドバイザー、内閣官房参与ということになったので、自民党とは、敵同士であるみたいなことを思われていますけれども、その前から、政治家たちからはいろいろアドバイスを求められてきました。

ともかく、第一次安倍内閣のときに「教育基本法」を改正する、愛国心を謳い込みたいと思うのだけれどもどうしたらいいかと。そのときに国を愛する心というのを、謳い込むのはいいでしょう。しかし、「国と郷土を愛する心」というふうにしたほうがいいですよ、とアドバイスしました。

「改正教育基本法」の中には、「国と郷土を愛する心」を培い、養い、というふうに書かれました。法律が一本変わると、その文言でどういうふうに世の中が変えられるか。ここが、現実社会で法律の持っている恐ろしさというか、すごさというか、たくらみというか。あなた方もいずれ社会に出たりすると、気付くと思います。若いときは法律一本で、大して変わるものかというふうに思いがちなのです。私の志が大切であると。私が、その志を実現するために勉強していることがある。あるいは、技術を身に付けることが大切だと思う。

これを、法律は一回でひっくり返してしまう。郷土という言葉が入っただけで、どうなるか。それまでは中学、高校の教科書に副読本を付けて、この郷土にはどういう人が出てきているか、どういう特徴を持っているのか。精神的な風土になっているのか。どういう産業を持っているのか、どういう暮らし方をしてきたのか。日本全体に誇れる、いや、世界に全体に誇れるような、そういう郷土の文化を表明する。

そういう郷土読本とか、副読本で故郷の歴史や文化や先人のことを書くことができる。そして、それを文科省はお金を出すことができる。法律の中に「郷土を愛する心」という「郷土」が入っていないとすると、それまではそういうものをつくってはいけないという高校、中学の教育となっていた。ところが今は、各地方で、みんな郷土の歴史や文化を教えている。郷土の誇りを教えることができるようになった。法律の、わずか郷土という二字だけです。それだけで変わるのです。ここからが本当は、三・一一東日本大震災の後で、日本人が問われていること。そしてまた、若いあなた方がこれから世の中に出ていく際に、何を心に留めておいてほしいかという問題になっていくだろう思います。

復興予算の奇妙な使われ方

東日本大震災の後に、「復興基本法」というのがつくられました。その法律の中に復興予算は「日本の再生」のために使うという一行があるのです。「被災地の復興」ではなく、この一行があることによって、今の日本の中央政府は、ほとんど官僚の自由し放題になっている。各省庁の官僚が、自由気ままに予算のぶん取り合戦をやっている。

これは皆さん、インターネットやテレビや、あるいは新聞で必ず見ていると思いますけれども、今、復興予算の中にどんなものが入っているか。むちゃくちゃです。あなた方はまだ、税金をとられていないから、あまり気にしていないかもしれないけれども、ともかく、復興の予算は税金で払うのです。

先ほどの、一九兆円という復興予算です。所得税から、ざざっと取る。そして、部分的には二〇一四年から始まる予定の消費税から、ざばっと復興予算のほうにお金が回るというかたちになります。それが、できるようになったのは、「復興基本法」ができたからです。

復興のためのお金が出る法律的な根拠ができました。それを、官僚は「被災地」のためではなく、「日本再生」のために使うという形式になりましたから、そういう被災地に使われている復興予算というのは、なくはないですけれども、少ない。

たとえば、沖縄で国道をつくって、道路と同時にトンネルもつくる。この道路予算などに、二〇〇億円とか出ているのです。東日本大震災の復興に関して、何で沖縄の、そういう道路整備をしなくてはいけないのと疑問に思うでしょう。ところが、「日本の再生」のために使うという一文がついていると、今度地震が起きたときには、沖縄にも津波が起こるかもしれない。そういう解釈ができるわけです。そうすると、沖縄で使う。

もっとすごいのは、従来日本で調査捕鯨をやっていますけれども、それを、反捕鯨団体のシーシェパードが仕掛ける妨害行為を防ぐため、調査捕鯨を守るというかたちで、復興予算が使われる。「何で」と思うでしょう。だけど、そういう捕鯨はたとえば、岩手県の石巻港を母港としてやっている。だから、石巻の復興のために、という名目がつけられている。

もっとひどいのは、全国の国税局の税務署の耐震補強。これは東北ではないのです。九州でも四国でも、名古屋のほうでも、国税庁の税務署の建物を補修するために、何十億という復興予算が使われている。国税局は地震のときにも、倒れないで税金を取り続けなければ、日本の経済は立ち直りません。だから、国税局の税務署の建物に何十億という補修費が出る。そういうカラクリなのです。

それから、仙台や北海道、埼玉の刑務所にいる受刑者の職業訓練のために、やはり何億というお金が出るわけです。何で監獄に入っている人々の職業訓練のために、復興予算で何億のお金を出すの。そこは疑問ですね。受刑者の職業訓練は、国がやらなければならないのは当然です。受刑者が社会復帰するために、職業訓練をするというのは、分かります。だけど、それを何で今回の震災の復興予算で出すのか、これは疑問でしょう。そういうかたちで復興予算が使われているわけです。刑務所の職業訓練は法務省です。先ほどの国税局の補修だったら財務省。それからまた、たとえば、外務省とかね、アメリカから一年に一万人の人々を呼んで、3・11後の復興の状況を見てもらう。いかにも、もっともらしい予算です。でも、次の日には、京都と奈良に連れて行って、日本の文化を見てもらう。こんなのは復興予算でやられちゃ困りますよ、とわれわれは当然思います。しかし、「日本の再生のために使う」という、「復興基本法」の一行が入ったために、そういうことがすべてできるようになってしまった。

今の日本の中央官庁にいる官僚たちは、こういうむちゃくちゃにお金の使い道を考え出すのがうまいのです。だから今の官僚の人々、霞が関の人々は、民主党に政権が移ってしまったときに、官僚主導体制から政治主導体制、政治がすべてを決めていく、国家の基本的な計画、ビジョンというものを決めていくと言って、各省庁の事務次官会議を廃止したために、それならわれわれは協力しないというふうに、まったく政策作成なり、実務的な外交なりをネグレクトをするというかたちをとってきました。

今度、再び官僚が民主党政権に接触してきた理由は、復興とは趣旨が違うと、われわれは思うのですけれども、しかし、そこのところで、官僚が改めてお金にタッチできる可能性が出てきた。官省庁の自分のところで、お金をいろいろ使うことができるような、そういう可能性がでてきたからだと思ってます。

官僚がネグレクトしますと私は言った。これがどういう結果を生むかというと、私は二〇一一年三月十一日に、首相官邸にいて、その三週間後に中国に行きました。政府の役人として行ったわけではなく、別の会議で行ったのです。政府とは関係のない用向きだったのに、政府に関係する人間が来るということが分かって、中国共産党の幹部と中国政府の要人、言ってみれば大臣クラスの人と、それから中国の人民解放軍のリーダーが来て、日本政府の批判、特に外務省の批判を私の目の前で、たぶん内閣官房参与の私に向け展開しました。

中国の国家主席という日本なら天皇陛下と同じクラスですが、胡錦濤《こきんとう》さんがわざわざ日本大使館まで行って、東日本大震災ではたくさんの被害と犠牲者が出たことに対して中国は哀悼の意を表し、日本政府に対して支援をすると申し出てくれたのです。そしたら外務省はネグレクトしていますから、大使館として「ありがとう」だけを言ったのです。隣の部屋では、テレビのバラエティー番組を見ていて、笑い声さえしていたといわれます。

外交の儀式というのは、対等でなければいけない。相手がAということでやってくれたら、Aと同じことを逆の側からやってあげなければならない。それがお互いに対等の外交です。日本の首相や、あるいは天皇陛下からお言葉をもらって、「今回は哀悼の意を表していただいたうえ支援も申し出てもらいました。ありがとうございます」というふうに言うのが外交辞令です。ところが大使館は大使館レベルで「ありがとう」とだけ言ったのです。ネグレクト、サボタージュしている。

そして、温家宝《おんかほう》さんという、首相を今期限りでやめますが、温首相が全国人民代表大会、言ってみれば中国の国会を開いた後に必ず一時間講演をするのです。そのときの講演では五十五分間は、日本の震災でどういう被害が出ているのか、これを中国政府と国民は救わなくてはいけない、支援しなければいけないという演説をしたのです。全人代で何が決まったか、本来話すべき中国国内の計画の話は五分間でした。それぐらい大きな事件として、報道がなされた。

そしてまた、中国の人民解放軍というのが、病院船を派遣すると言ってくれたのです。大きないっぺんに三〇〇〇人ぐらい乗れる船で、そこに医師も一〇〇人いる。患者のベッドは三〇〇床あって治療できる。薬も全部整っている。エックス線の機械もある。そして、ケアまで一つの病院船の中で全部できるようになっている

しかし、日本外務省は一言「いらない」と言ったのです。これは怒りますよね。病院船

派遣には別のもくろみがあります。この際だから、日本の海を全部調べてやろうとか、どこら辺にどれくらい放射能が降ったか、そういうことも調べておきたい、そんなもくろみがあるでしょう。しかし、表面的な目的は病院船を派遣して、東日本の被害者たちの傷の手当てをしたり、医薬の配布をしたり、ケアをしてあげたい、ということだったのに一言「いらない」とだけ言った。これは人民解放軍としても怒ります。

ですから、私が出たのは別の目的の民間の会議のときにもかかわらず、私の前へ出てきた中国政府の代表と、中国共産党の幹部と、それから人民解放軍の指導者が一時間ぐらい三人で日本批判をする。私のほうとすれば、一応政府の内閣官房参与という名前が付いていて、まあ3・11から三週間もたってないときでありますけれども、中国の政府および国民に対して「ありがたいというふうにお礼を申し伝えてくれ」というふうに菅首相が言っておりました。私がそう代わりに言って、後で菅さんにも報告した。そしたら、ぴたっと全部、翌月の四月一日から中国の新聞の日本政府や外務省批判は、全部収まったという出来事がありました。

そのときに私が、東日本大震災の津波では、岩手県、宮城県、福島県、茨城県、それから東京都でも、港が広範囲に壊れている。がれきで海は埋まっています。こういう状況ですから、外洋から船が入ってこられない。

中国の病院船は来てもらっても救助してもらうことができない。そして東日本の内陸のほうに住んでいる人々も、道路に全部亀裂とか段差ができている。さらに東日本ではガソリンもなくなって、車も運転できないような状況になっている。

新幹線もまだ通っていない、今でも常磐線など開通してない部分がありますけれど。原発事故も収束していないそういう状況でありますから、けがをした人や病気の人を港に運んでいくこともできません。ですから、病院船もお断りせざるを得なかったのだというふうに言ったら、「分かった。いま初めて日本政府のそういう説明を聞いた」と。それで中国国内の日本批判というのは全部収まったのです。そういう出来事がありました。

そういう混乱状況であっても、全く外国に対して発信をしないとしたら、それは外国のほうとしては怒るのです。外務省があのとき何をやったかと言うと、「このたびの震災、福島第一原発の事故に関しては、大変ご迷惑をかけて、そして支援を申し出ていただき、実際にたくさんの支援をいただきましてありがとうございました」というメディア向けの発言をアメリカ、イギリス、フランス、ドイツ、ロシアにしかしていないのです。いちばん近い韓国にも、中国にもしていないのです。これは韓国も中国も怒ります。どうして五カ国だけでやめてしまったのか。外務省の広報予算がそこで終わりになりました、というばかな答え方をするのです。

復興税か復興債か

その後四月半ばに復興構想会議というのがつくられて、三・一一後の復興計画を立てるという方向になった。その復興構想会議の冒頭で、議長が何と言ったか、復興構想会議はいろいろ復興構想を立てますけれども、そのお金はどこから手当てをするのかというときに、復興税でやりますという。これは財務省からの指示で議長の学者が言ったのです。学者なんていうのは、あまり信用してはいけません。

復興税というのは、国民のみんなから平等に取って、しかもずっと取り続けることができるというのが税金なのです。消費税を上げれば、上げた瞬間から自然に、上げた分だけの財源が増えるわけです。毎年取れるわけで、今は二〇一四年から消費税を上げるという法律ができているわけですね。

そうすると、財務官僚が考え出したことですが、じゃあ俺たちがそのお金を使おう、いや、文科省で使う、いや、外務省でも使わせてほしいというふうに、復興の被災地でないところの計画も「日本の再生」という名目で、全部そこに詰め込んでしまうという結果になってしまった。

法律ができれば、財源があるわけですから、これは使い勝手がいい。日本の再生のためにみんな、そこに突っ込むということができる。そういう、むちゃくちゃな計画が立てられた。だから、私が三月十一日の一週間後、三月十八日の段階で、これは税金でやってはいけません。復興債、つまり国民の中のお金に余裕のある人に債券を買ってもらって、その借りたお金で復興すればいいと主張しました。借りたお金は、いずれ返さなくてはなりませんから、ぶん取り合戦のようなことはできない。

学者は、現実を知りませんから非常に危ないところがある。岩手県の宮古市に、田老地区があります。その海辺に高さ一〇・五メートル、長さ二・五キロのコンクリートの防潮堤をつくった。世界で一番大きい、「田老町の万里の長城」というふうに言われた。それが、津波で破壊されました。

高さ一八メートルの津波、場合によっては、今回一番の高さからとすると、四〇メートル近くだったようですけれども、三・一一以後学者が考え出した防災計画というのは、一〇・五メートルで駄目だったのだから、今度は二〇メートルにしましょうと言うのです。結局、県の計画では一四・七メートルにする、といっている。二〇メートルとか一四・七メートルのコンクリートの防波堤、防潮堤。こんなばかな話はない。だって、宮古のほうでは波高二四メートルのところもある。宮古市では遡上高で、山の上の四〇・五メートルのところまで津波がきている。石巻とかその辺りは、だいたい二八メートルくらいありました。そういうときに一〇・五メートルの防潮堤で駄目だったのだから、二〇メートルの高さのコンクリートの防波堤、もしくは防潮堤で対処しようという、自然の脅威にコンクリートで克服・征服しようという近代主義は、無理があります。釜石でいうと、水深六三メートル、水の中にある部分が六三メートル・そして、水の上に出ているのが一〇・五メートルの、これは防波堤です。海の中の防波堤。これが今回壊された。それに対して、二〇メートルにしますと。しかし、今回の津波は二〇メートルなんて規模じゃないということは、よく分かっているにもかかわらず、二〇メートルにしましょうと。

それに、二〇メートルの高さと言ったら、この体育館がたぶん、七、八メートルしかないと思います。七メートルにしても、その三倍です。そんな防波堤のコンクリートの壁が立っていたら、海のそばに住んでいると言いながら、海は見えません。そしたら津波が襲ってくるのも分からないというふうな状態で、避難しなければならない。そういう矛盾が出てきているわけです。私たちはそういう「海やまのあいだ」の自然の脅威と折り合って生きてきた民族である、という原点に立ち返っていく必要があるのではないでしょうか。原発事故の問題もふくめて、人間は自然を征服するのでなく、自然と「共生」してゆくべきではないか、そういう文明史的な転換点に立っているのではないでしょうか。

しかし、そういう二〇メートルの防潮堤・防波堤の計画を立てる人が、復興構想会議に入っている。しかも、それを税金でやるというかたちになれば、返す必要がないわけです。復興債でやれば、お金を持っている人、一億円を持っている人、一〇億円を持っている人もたくさん日本にはいます。その一人一人に無利子の債券を買ってもらって、いずれ相続税を減免をするという条件を出せば、必ず買う人がいます。一〇万人近くいるでしょう。そしたら一日で十兆とか、あるいは二〇兆というお金が集まるのです。そういう債券で集めたお金は、返さなくてはいけないので官僚がみんなでぶん取り合戦をしてしまうようなことにならない。

現場を知らない官僚や学者

そして、その官邸の復興構想会議などで言われていることがありまして、それは、東北三県はほとんど漁業をやっています、というふうに言う。だから大規模な漁業をさせましょう。小さな港を集約して復興させましょうと言う。しかし、私はそのとき菅首相に言ったのは、東北全部が漁業なんてやっていません。いちばん北の岩手県は、リアス式海岸です。ですから、ほとんど漁業です。小さな入り江があって、その入り江からずっと川が続いていて、その川をスペイン語でリアスというのです。谷川ですけれども。リアス川とは何かと言ったら、潮入川なのです。大潮とか高潮とかあるいは津波のときに海の潮が上がってくる、そういう潮が入ってくる川というのが、リアス川なのです。岩手県はそのリアス式海岸というのがずっと続いている。

そこのところは、魚が、小さな港に水揚げされ、小さな入り江ではホタテとかカキを養殖しているということになりますから、そこの小規模漁業を復活させるというのが、岩手県のだいたいのパターンでいい。宮古や気仙沼は遠洋漁業もやりますが、まあ町々のそういうかたちでの漁業の復興でいいということになる。

しかし、その南の宮城県では、いちばん北側は石巻とか、それから塩釜とか、リアス式海岸の漁業で生活をしていますけれども、県の太平洋岸のだいたい三分の二以上というのは仙台平野で、湿地と海を埋め立てて、そこに水田をつくっていった場所です。だから、ほとんどお米をつくっている。いちばん南の亘理《わたり》町辺りになると、お米をつくるよりも近郊農業でイチゴをつくる。そして仙台に持って行って売るというふうな産業構造であります。お米づくりか、あるいは近郊農業でほとんど生活をしている。

南半分では、漁港はほとんどありません。だからここはむしろ、農業の復興なのです。その南の福島県で言うならば、福島県の漁業はいちばん北の相馬港のところと、南のいわき市の小名浜港のところだけが漁業で、あと、久之浜や四倉とか、その辺は小さな漁港みたいなものはありますけれども、漁業で生活をしていない。農業もあまりできない。断崖のような地形です。そのために海岸線に沿って多くの原子力発電所がつくられて、住民はそこで働いていた。そういう産業構造です。

ですから、すべてを同じ海岸線であると捉え、同じように復興を考えること自体が間違いです、と菅首相に言ったのです。三月二十三日、津波が起きたすぐ後です。そしたら菅首相は、あなたはまだ東北に行っていないにもかかわらず、東北の海岸線がそれぞれの県でみんな違っている。それぞれの、市町村で漁業の歴史も形態も違うということも、何で分かっているんだと。いや、私はそういうことを研究領域の一つとして『海岸線の歴史』という本を書いています。震災が起きる一年半前にそういう本を書いていました。菅さんもそれを読んで、こういうふうに海岸線は違うのか、そういうふうに言ったわけであります。

日本の地方では、みんなそれぞれ漁業といっても、形態が違うのです。海のすぐそばで近海漁業をするようなところでは、イワシやアジの漁獲とか、ホタテとかカキの養殖とか、そういうことで生活をしている。

気仙沼なんていうのは、四〇〇キロメートルから八〇〇キロメートル沖の遠洋漁業で、マグロ、カツオをとりに行っている。気仙沼港も津波被害を受けました。八メートルの津波に襲われて、まちは全部家がなくなりました。しかし、漁船と漁師は遠洋漁業に出ていましたから、そうすると、四〇〇キロメートル先、八〇〇キロメートル先に船が出ていますから、船はやられなかったのです。破壊されていない。漁民たちもあまり人命の被害を受けていない。

小名浜も運よく、船を港の外に出すことができたので、船の被害は少なかったというふうに聞いています。しかし、福島県の海は放射能汚染の被害を受けましたから、小名浜の漁獲高はこの一年ゼロに近い。この十月に漁港を訪れたときも、北の方から取り寄せたサンマが二つの水槽に入って、三人が働いているだけでした。雇用をどうするかはまだ先の話でしょう。

ところが、近海でイワシをとったり、ホタテやワカメを養殖したり、カキを養殖したりするところは、一時、全部漁場が駄目になった。自分たちがワカメをとりに行く小さな船、そういうのも全部駄目なのです。ただ、岩手県などは豊かな海じたいは残りましたから、その漁港とか工場を復興させればいい。その地方地方の産業の違い、そこの人々の暮らし方の違い、そして文化が全部違っています。それぞれの地方の「現場」に合ったような復興計画を立てなければいけない。そういうことを、よく知っているのは、地元の人々です。

ところが、霞が関の官僚や、大学から集められてきた学者の人々というのは、首相官邸の中で、毎日会議をやっているのです。官邸の私の部屋というのは四階で、会議をやる会議室というのは三階にあるのです。首相の部屋が五階、官房長官の部屋も五階なので、会議をやっているのが見えるのです。だから、私はそのときに、菅さんに言いました。官僚や学者は「現場」を知りませんよ、と。

青島刑事というのが出てくる『踊る大捜査線』という映画があります。あなた方も見たことがあるかもしれません。織田裕二が主演する刑事ものであります。事件が起きる、殺人事件が起きているというそのときに、どういうふうな処置をしようか。湾岸線を封鎖しましょうか、と延々と会議をやっている。そのとき青島刑事が「事件は会議室で起こってるんじゃねえ。現場で起こっているんだ」と言って、怒鳴ります。

それとほとんど同じような感覚を、私は持ちました。東日本大震災、福島第一原発の事故は、会議室で起こっているんじゃねえ。現場で起こっているんだ。現場を見に行かないで、現場を知らないで、復興計画とか、事故の処理とかできない。そこを抜きにして、会議を延々とやっていても駄目だと。

あなた方若い人たちは、これからの日本を背負っていく、あるいは都会に憧れて出て行くわけですけれども、そのときに自分たちの思考の場所を、どこにもったらいいか。

都会は人間を自由にしてくれるという側面があります。知らない都会に出て行くと、故郷でのしがらみや密度の濃い人間関係から解放されて全部自由になれる。楽になれる。半面、自分のことを誰も知らない。都会の人間は冷たい。誰も手助けしてくれない。病気で寝ていても、誰も声をかけてくれない。孤独に襲われます。私のことを、誰も分かってくれない。だから、今、インターネットの時代ですが、インターネットとか携帯電話で常に人とつながっていたい。それはアイデンティティークライシス（自己同一性の危機）の一種の危ない心理状況です。

そういう世界に、これから若い人たちは出て行かなくてはならない。しかし、あなた方が地方で育ったり、伝統文化の名残の中で教育を受けたりしたことは、精神的な財産です。都会はコンクリートの建物があるばかりで、海もない、山もない、秋になって真っ赤になるナナカマドの木もない。そして、人々が冬を迎えるときにはうっとうしい気分になりますが、春を迎えるときの気分は格別です。

私は先週、北海道の旭川に行ってきました。もう雪が降っていました。真っ黒な空、灰色というより黒い雲が地上の近くまでずっと覆っているのです。地平線のところだけ、ちょっと白く明るいところがありますが、実際には空の上空一帯は真っ黒で、それが、来年の四月まで続くのです。だから、北国のわれわれは、ものすごく心が内向きになってしまいます。半年続きます、と現地の人たちは言っておりました。

そういうところでわれわれ日本人は生きている。それぞれがみんな生きている。その

「現場」で育ったことを踏まえつつ、どういうふうに自分たちは、これから日本の社会をつくっていったらいいか。

現代の都市の中でみんな自由に見えても、実は、アイデンティティークライシス、つまり自分が誰でもなくなってしまうという寂しさに耐えかねて、誰と手を握ったらいいか。誰とつながり合えるのか。こういうテーマで綴《つづ》られるのが村上春樹の都市小説です。都会に出てきた人間は自由になるけれども、ものすごく寂しくなる。誰も知っている人がいない。そこで、男の子と女の子が手を握り合う。ボーイ・ミーツ・ガールというのですけれども、そういう恋愛小説です。ですから、村上春樹の小説は、多く恋愛を描いた都市小説になります。

とにかく、そういうようなかたちで、これからの時代、われわれは、寂しくて離れ離れになっている人間たちが、どのようにして手を握り合う社会をつくっていったらいいか。そういうことを考えていく時代になってきていると思います。

都市が、人間を自由にするのは、相変わらずでありますけれども。しかし、あなた方がこれまで地方の「現場」で経験してきたことが、実は、これからの一人ひとりが手を握り合ってゆく新しい社会をつくるための意見や、アイデアの基になっていく。

それが、私の言っているユートピアではなく、故郷がほしい、という思考の基礎であります。もともとこの言葉は、ロシアのエセーニンという詩人が言ったもので、「天国はいらない、故郷がほしい」そういう言葉であります。とにかく東日本大震災というもの、それから福島第一原発事故というものは、日本全体にとって国難でありますが、これから何十年となく、ずっと尾を引いて、あなた方の人生に関わってくる問題である。そのことをあらためて、今日は認識していただきたい。そのお願いのつもりでわたしは来た、というふうに考えてもらっていいかもしれません。

長い時間、私の話を聞いていただき、ありがとうございました。これで終わります。

（二〇一二年十月二十八日、東日本国際大学・いわき短期大学鎌山祭での講演）

いわきから問う
東日本大震災

災害と日本の思想

末木文美士

SUEKI Fumihiko

はじめに

日本における災害と思想というテーマに関して、以下、二つの異なる視点から論じてみたい。第一に、日本は近年二つの大きな地震災害を被《こうむ》った。一九九五年の阪神・淡路大震災と二〇一一年の東日本大震災である。この二つの災害が日本の思想・精神状況にどのような影響を与えたかを考えてみたい。第二に、歴史を遡《さかのぼ》って、災害の多発国である日本で、過去の思想はどのように災害を受け止めてきたかを、思想史的に概観してみたい。

I　一・一七から三・一一へ――震災と現代の思想状況

1、一九九五年に至る日本の精神状況

一九九五年一月十七日午前五時四六分、淡路島北端部の海底を震源とするマグニチュード七・三の巨大地震が、兵庫県を中心とする関西地方を襲った。阪神・淡路大震災である。死者六千四三四人にのぼり、第二次大戦後の日本で最悪の災害であった。その巨大な災害は、日本の思想や精神状況にどのような影響を及ぼしたのであろうか。

それを考えるには、この大震災から約二カ月後、日本を揺るがしたもう一つの大きな事件を、あわせて思い返さなければならない。それは、三月二十日、東京の地下鉄で起

こったオウム真理教信者による猛毒のサリン散布事件である。それによって一三人が死亡、六〇〇〇千人を超える負傷者が出た。事件後の三月二十二日に山梨県上九一色村《かみくいしき》（現、富士河口湖町）の教団本部に警察の捜査が入り、教祖や幹部が逮捕されるとともに、常識を絶した教団の実態が明らかになった。

この二つの出来事は、大震災は関西、オウム真理教事件は首都圏と、地域的にも離れていて、偶然に続いて起こったように見える。しかし、両者が相次いで起こったことは、日本社会の精神状況を一変させるほど大きな意味を持ち、関連するものとして考えなければならない。そのことを理解するために、時代を遡って、日本の第二次世界大戦後の精神状況の変転を簡単に振り返っておこう。

もともと日本の近代は、欧米の圧力に抗して、欧米の科学技術を取り入れて国内の近代化を図りながら、欧米諸国と並んで海外侵略へと進んだが、第二次世界大戦の敗戦によって挫折し、再度近代化に向かうことになった。戦前への反省から、アメリカの占領下に民主主義と平和主義を理念として掲げ、それを継承しながら戦後の復興を果たした。こうして一九五〇～六〇年代には高度成長が達成されたが、七〇年代ごろから経済的に不安定になり、八〇年代にバブル景気に沸いたが、九〇年代の半ばには破綻して、慢性的な不景気に落ち込んだ。

思想面では、戦前から戦中へかけての国家主義、軍国主義が没落し、いわゆる進歩的知識人の発言が積極的になされるとともに、学生運動、労働運動が活発化し、しばしば国家体制と衝突した。国際社会における冷戦体制を反映して、自由民主党と日本社会党が第一、第二党として国政を二分するいわゆる五五年体制が固定化した。その中で、知識人や学生の運動は、一九六〇年の日米安全保障条約改定反対運動で一つの頂点を迎えたが、敗北に終わった。その後、既成政党への不信から新左翼の運動が起こり、一九六九、七〇年ごろの全共闘運動へと発展したが、その運動も広範な支持を得ることなく崩壊し、一部は連合赤軍として過激化したテロ行為に走り、自滅した。

一九九〇年代に入ると、既成の秩序は完全に崩壊する。それを決定づけたのは、一九九〇年の東西ドイツの統一、一九九一年のソヴィエト連邦の解体から始まった東側社会主義国家の崩壊である。それをきっかけに日本国内の政治情勢も大きく動揺し、一九九三年の細川護熙《ほそかわもりひろ》内閣によって五五年体制は終焉した。このような動向は進歩主義の幻想を完全に打ち砕き、政治によって理想的な社会を作り出そうという運動の無力さを露呈した。そのような状況で、一九八〇年代には若者を中心として新新宗教といわれる新しい宗教運動が活発化した。その中で最も活動的な教団の一つがオウム真理教であった。教祖麻原彰晃《あさはらしょうこう》（本名・松本智津夫）は、カリスマ的性格とチベット密教などを取り入れた教義や修行法で若者の心を捉え、信者に絶対的に君臨したが、その裏では早くから殺人を含む犯罪行為が常態化していた。

こうして、一九九五年ごろは、既成の秩序、思想がその無力をさらけ出し、かといってそれに代わる新しい思想も十分に確立せず、不安定で流動的な状況の中で、オウム真理教や統一教会のような宗教教団が不気味な動きを見せる精神状況であった。阪神・淡路大震災と地下鉄サリン事件は、このような中で起こり、既成の秩序、思想の終焉を決定づけた。

2、一九九五年——阪神・淡路大震災とオウム・サリン事件

阪神・淡路大震災が社会に提起した新しい概念として、ボランティアとトラウマがあるといわれる（北原、二〇〇六、三八八頁）。ボランティアは、既成の組織に頼らずに、自発的に無償の社会活動に従事することで、阪神・淡路大震災の時には、ピーク時で一日二万人、トータル一〇〇万人にのぼる社会人や学生などが、大きな力を発揮した。従来の日本の社会は血縁や地縁に基づく共同体の中で相互扶助が行われてきた。しかし、人口の都市集中に伴い、従来の血縁や地縁が機能しにくくなった。阪神・淡路大震災は、最大の被害地域が神戸に集中した都市型の災害であったので、血縁や地縁に頼らず、外部からやってくるボランティアが活躍できる余地が大きかった。このようなボランティアの活動は、

一九九八年に特定非営利活動促進法が成立すると、NPO（特定非営利活動法人）として、従来の固定的な組織を超えてさまざまな分野で活躍するようになった。

ボランティアが新しい時代に即した未来への可能性を開く動向であったのに対して、トラウマはマイナス面の深刻な問題として浮上した。トラウマは心的外傷のことで、衝撃的な出来事に遭遇することで心に傷を負うことをいう。その障害が非常に大きく、精神病理的な疾患にまで至ったものが心的外傷後ストレス障害（PTSD）である。PTSDは、戦争・災害・家庭内暴力など、生命の危険に瀕するような事態を経験したとき、不安や不眠、感情の麻痺《まひ》、記憶の障害、フラッシュバックなどの精神的な症状が現れる。

阪神・淡路大震災では多数の死者が出たばかりでなく、生き残った人たちも身内を助けられず、生き残ったことへの罪悪感に苛《さいな》まれた。大震災後、これまでなかったほど精神科医の出番が多くなった（中井編、一九九五）。また、老人が仮設住宅で孤立し、孤独死を迎えるようなケースも多く見られた。こうした心の問題は、震災後十数年経てもなお解決していないことが少なくない。このようなことは、もちろん阪神・淡路大震災によって初めて起こったことではなく、過去の災害や戦争などの場合にも多く見られたが、正面から問題にされることがなかった。精神医療が未発達であったと同時に、当時は物質的な損害を回復し、経済的な発展を遂げることが第一の課題であり、心の問題は無視されていた。

このように、阪神・淡路大震災はさまざまな問題を抱えていたが、少なくとも表面的にはある程度順調に復興がなされ、また首都圏は無傷であったので、それだけでは日本全体の精神状況を大きく一変させるほどではなかった。ところが、その後オウム真理教事件が続くことによって、首都圏を含めて、日本の精神状況に深刻な事態を生ずることになった。それまで、日本は安全で治安がよいことが誇りであったが、首都圏も、関西圏もともにダメージを受け、世界の中でもきわめて危険な国と化することになった。

地下鉄サリン事件は阪神・淡路大震災と必ずしも無関係ではない。サリン散布はそれ以前から計画されていたことであり、ハルマゲドン（世界最終戦争）の接近を自作自演してみせる目的であったが、阪神・淡路大震災はそれをきわめて現実的に感じさせる終末的な出来事であった。サリン事件の直前に刊行された麻原の著書『日出づる国、災い近し』は、「この九五年の終わりから一気に日本は大きな変化へといざなわれるのである。この大きな変化はまさにハルマゲドン、そして第三次世界大戦へと動いていく」（麻原、一九九五、三七頁）と、危機感を煽《あお》っている。オウム真理教が解体されて以後も、一九九九年に世界が終わるとする「ノストラダムスの大予言」がもてはやされ、終末論的状況が続いた。

大震災とオウム以後、「終わりなき日常」（宮台、一九九八）といわれるような状況になる。政治運動は下火となり、政治変革によって理想の社会を築く夢は消えた。そこで新新宗教ブームとなったが、オウム真理教の欺瞞《ぎまん》が暴かれ、宗教もまた信用できなくなった。若者たちは行き場のない不安の中で日常を過ごすことになる。その中で、不気味な出来事はますます増えていく。一九九七年には、阪神・淡路大震災の被災地でありながら被害が少なかった神戸の須磨ニュータウンで、連続児童殺傷事件が起こる。犯人は、殺した少年の頭部を学校の前に置く残忍さと、酒鬼薔薇聖斗《さかきばらせいと》を名乗るゲーム的な挑戦で話題をまいたが、一四歳の中学生が逮捕され、社会に大きな衝撃を与えた。精神病理学でも解明しきれない「心の闇」が大きくクローズアップされ、閉塞感はますます強まった。そのような状況下で、オタク文化といわれるような閉鎖的なサブカルチャーが若者の支持を得るようになった（当時の精神状況については、末木、二〇〇七参照）。

3、二〇一一年――東日本大震災と死者の問題

二〇一一年三月十一日の東日本大震災は、東北地方太平洋側から関東東北部という広範囲の地域に巨大な被害を与えた。死者は一万五〇〇〇人を超え、震災後一年を経ても三〇〇〇人近い行方不明者が残り、遺体の捜査が続いている。二〇一二年二月に復興庁が開設されたものの、その後も復興の見通しは十分についていていない。

その理由は、第一に、地震・津波・原子力発電所事故という多重的で複雑な構造を持ち、

対応が容易でないということが挙げられる。とりわけ原子力発電所の事故は、発電装置そのものをどのように最終的に安全に処理するかという問題とともに、広範囲に飛散した放射能による人体への影響も懸念され、きわめて長期的な対応が必要とされる。

第二に、被害地域が広範囲にわたり、それぞれの地域の事情を抱えて一律の対応が難しいという事情がある。仙台のような都会は比較的早く復興の道筋が付けられつつある。しかし、津波の被害は海岸線に沿って長く広がり、もともと交通の便が悪く、高齢化して人口が減少し、経済的にも困難な地域も多いので、復興のめどが付けられない。福島県は、放射能汚染によって、農業・畜産業がきわめて深刻な打撃を受けている。瓦礫《がれき》の撤去も大きな問題となっている。

このように深刻な事態が長期的に続いているが、それに伴い、その影響は被災地のみに限らず、日本全体に及んでいる。災害の後は復興バブルとも呼ぶべき好景気になることが多いが、今回はそれは期待できず、経済的にも困難な事態が続くと予想される。原子力発電所の事故により、国内のほぼすべての原子力発電所が停止し、今後の電力供給の見通しもついていない。さらに、近い将来首都圏を大地震が直撃する可能性が大きいことが予想されており、それが現実となった場合、どれだけの被害が出るか、予測もつかない。こうして東日本大震災は、一地域の問題ではなく、日本全体の問題となった。

東日本大震災の社会的側面を考える際、日本社会の少子高齢化現象を考慮しなければならない。一九七〇年代前半をピークに出生率は減少して、他方、一九四〇年代後半のベビーブームに生まれたいわゆる「団塊の世代」が六〇歳を過ぎ、少子高齢化が世界でも最も顕著に進行しつつある。それは国家経済を直撃する。就労人口が減り、年金世代が増えれば、国家経済は破綻する。経済が下降していく時期の震災は、経済上昇期に比べてはるかにダメージが大きい。また、被災地の高齢化による復興の困難という問題にも直面する。震災前から、過疎地の高齢化が進み、それがさらに過疎を加速させるという悪循環が進み、地方都市も疲弊が進んでいた。震災はそれらの地域を直撃し、再建をますます困難にしている。

こうした情勢の中で、かつて語られた「終わりなき日常」は終焉し、「終わりなき非日常」へと突入している。漠然とした不安ではなく、現実問題として対処困難な問題が山積し、身動きできない情勢となっている。震災後盛んに連呼された「東北がんばれ」「日本がんばれ」という掛け声は、精神力に頼るほかない具体策の欠如を意味し、「絆」の強調は、それだけ人間関係の解体が進んでいる実情の裏返しに他ならない。東浩紀は、それを「震災でぼくたちはばらばらになってしまった」（東、二〇一一）と表現している。

その中では、思想もまた、既成の概念では対処しきれないことが明らかとなっている。

たとえば、震災後、鴨長明《かものちょうめい》の『方丈記』が注目され、「無常」ということがしばしば取り上げられる。確かに災害で多くの人々が亡くなり、家々が破壊されるのは、仏教でいう無常の現実を見せつけるかのようである。ところが、それほど単純ではない。放射能問題は、ある程度落ち着くまででも数十年、完全に無害化するには一〇万年かかるという。被災地の復興も見通しがつかない。そのような状態が長期間持続することになれば、それを無常として片付けることは困難である。

それでは、無常論に代わって、どのような思想が可能であろうか。災害に関する過去の思想を歴史的に遡って検討することは第Ⅱ節の課題であるが、ここでは、二十一世紀に入って死者の問題が大きく浮上したことを指摘しておきたい（末木、二〇一〇参照）。そもそも近代の思想は基本的に生の思想であり、現世における人間の生を豊かにすることが目標とされてきた。死後の問題は科学的に解明できないとして排除され、唯物論のように、死後を完全に否定するような思想も有力になった。このような傾向は、第二次世界大戦後の日本において顕著であった。原爆被災地である広島の原爆死没者慰霊碑は、正式には広島平和都市記念碑であって、慰霊ということも公的には意図されていない（末木、二〇一〇、一六八頁）。

しかし、実際には戦争の死者の問題は、戦後六〇年以上を経て、消えるどころかますます重い課題となっている。靖国や南京大虐殺の問題など、戦争の死者の問題は決して過ぎ去り、忘れ去られる問題ではない。震災だけでなく、アメリカで二〇〇一年に起きた九・一一テロ事件は、大都会の中の大量死という問題を改めて突きつけた。

死者の問題が浮上したのは、自覚化された思想のレベルよりも、大衆的な社会現象としてまず現れた。二〇〇六年から、「千の風になって」という歌が大ヒットしたが、これは、もともとアメリカで一九三〇年代に書かれたものが、九・一一の慰霊集会で朗読されて話題となったものという。この詩は、「私のお墓の前で泣かないでください」（新井満）ではじまり、死者がお墓の中に眠るのではなく、千の風になって空から生者を見守るというストーリーが展開する。この歌が流行したころは、一気に高齢化が進み、死への関心が高まるとともに、葬儀や墓地の問題が大きな関心を呼ぶようになっていた。

二〇〇八年には映画『おくりびと』（監督・滝田洋二郎）が公開され、多くの観客を動員した。葬儀の時に遺体を清めて納棺する納棺師を主人公にして生と死、家族の愛を描いたもので、これまで陰に隠れていた死者に関与する職業が一躍クローズアップされることになった。二〇〇九年の直木賞は、天童荒太の『悼む人』が受賞したが、主人公は、会社を辞め、野宿をしながら各地を巡り、不慮の死を遂げた死者を悼んで回るという話である。

東日本大震災の前に、このように死者をテーマにした作品が続けて話題となったのは、奇妙な符合であった。阪神・淡路大震災、そして東日本大震災という大量死が続く中で、かつてのように、それを乗り越えて活気のある社会をつくるということが、今の日本では容易にできない状況になっている。その中で、これらの作品に予兆された死と死者の問題が、いまや不可避の問題として立ち現れているようである。実際、震災と関連して、死と死者を主題とした思想書の出版が続いている（若松、二〇一二、森岡、二〇一二など）。

Ⅱ　災害の思想史

1、古代・中世の災害観

①災害観の基本類型

日本は古代から地震、台風など自然災害が多く、人々の生活を脅かしてきた。災害に対して、たとえば水害に対しては堤防を築き、干ばつに対してはため池を造るなど、科学技術による対応がなされたが、それですべて防げるわけではなかった。そこで、自然の奥なる意志を問う宗教的な災害観が重要な意味を持った。

古代の日本人の災害観、とりわけ地震に関する思想として、西岡虎之助は、天譴《てんけん》の思想、陰陽道の思想、祟《たた》りの思想の三種類を挙げている（西岡、一九二三）。西岡の説明に従って、簡単に概観しておくと、まず天譴の思想は、奈良時代から平安時代初期に見られるもので、

「主として詔に現はれた儒教主義に基づく」ものである。天譴は「全般の階級に下された天の誡飾ではなくして、たゞ政治にたずさはる特殊の階級のみに限つて降されたもの」である。

次に、陰陽道の思想は、平安中期以後の思想であり、陰陽道では四種の地震があるという。それは、火神動、龍神動、金翅鳥《きんしちょう》動、帝釈天動である。「これら四種の地震は、各々一定の宿曜に当つて動くのであつて、――逆に言へば、宿曜の如何によつて地震の種類を決することが出来る訳であつて、それが更に種々の吉凶禍福の前兆と関連せられた」という。その際注意されるのは、「陰陽道に於いては、地震を以つて怪異と認めて災厄としなかつたこと」である。すなわち、地震自体は災厄ではなく、災厄の予兆となる怪異現象とみなされ、それゆえ、為政者は身を慎んで災厄を招かないようにしなければならないのである。

第三が祟りの思想である。祟りは天譴説の咎《とが》と似ている。しかし、「禍を下す主体が、一方は天であり一方は神であるといふ微妙な点に於いて相異なつてゐるのである」。神の祟りが明白に文献に見えるのは、高倉天皇の仁安四年（一一六九）正月二六日に伊勢神宮に奉った宣命の辞別においてであるという。

②祟り説の展開

以上、西岡虎之助の整理に基づいて古代・中世の災害観を概観した。この三つの災害観は古代・中世の基本的な災害観の類型と言ってよいが、多少のコメントを付しておく。

天譴説と祟り説とは、西岡が挙げる天と神の違いだけでなく、もう一つの違いがある。天譴説は支配者が道徳的な善をなさず、悪を行うことに対して、天が懲らしめるのであり、それに対して、祟りの場合は、道徳的な善悪よりも、神を正しく祀《まつ》るか否かが問題とされる。陰陽道説は、善悪ではなく、怪異に対して身を慎むことを求める点、また龍神等の神が引き起こすという点では、祟り説に近い。ただ、怪異の出現が宿曜の理論で解明されるところには、災害の科学的理論による説明につながるところがある。四種の地震の原因と宿曜との関係は、もともとは仏典の『大智度論』巻八（大正蔵二五、一一七上）に出るもので、陰陽道説は実際には仏教と密接に関係している。中世には、地震が起こると、この四種にさらに水神動を加えた五種のいずれかに分類することが行われた（黒田、二〇〇三、一二一～一二二頁）。

祟り説は、すでに貞観八年（八六六）一月二〇日に「諸神成祟」（『類聚三代格』）と見え、平安期の早い時期から見ることができる。他にも、類似の用例は多い。北條勝貴によれば、さらに古く、すでに『古事記』の崇仁天皇段に、「神が怒って人間に災厄をもたらすという〈祟り〉のあり方」が見られるという（北條、二〇〇六、一九頁）。すなわち、厄病が流行し、人々が次々と死んでいったときに、三輪山の大物主神が託宣して、その災厄は神の意志であることを告げたので、神の求めるとおりに祀ったところ、厄病が終息したという。

平安期に発達した祟り説の典型として、御霊説が挙げられる。これは政治的陰謀によって不慮の死を遂げた人の霊が災厄をもたらすというものであるが、政治的に不安定で陰謀や策略が横行した平安初期に流行した。貞観五年（八六三）に早良親王をはじめとする六人の霊を京都の神泉苑で祀ったのが最初とされる。神仏習合の中で、御霊神は密教の明王の性格を与えられ、密教的な儀礼によって鎮められると考えられた。御霊神の典型が、菅原道真（八四五〜九〇三）の霊を祀った天満天神である。道真は優れた文人政治家であったが、藤原氏の陰謀によって太宰府に左遷され、恨みをのんで死んだ。その死後、厄病や落雷などの災害が続き、社会的な不安が高まり、それが道真の霊の仕業とされて、神と祀られることになった。

このような祟り説では、政治が絡む国家的な問題ばかりでなく、個人の病気や突然の死も、しばしば悪霊によって引き起こされると考えられた。悪霊には、死者の霊や敵対するものの呪い、生霊、さまざまな魔的な存在などが含まれ、それに対しては密教的な呪法で対抗することがなされた。また、多くの祭はこのような災厄神を慰撫して、災厄を免れることを目的として行われた。その典型は、京都の祇園祭（祇園会）であり、中世にはその祭神は災厄神である牛頭《ごず》天王と考えられていた。牛頭天王を粗末に扱った巨旦将来《こたんしょうらい》は、牛頭天王によって滅ぼされたが、丁重に歓待した蘇民将来《そみんしょうらい》の一族はその災厄を免れることができたという。このように、災厄神は災厄をもたらす恐ろしい神であるが、同時に丁重に祀るならば、その強力な力によって災厄を除く利益のある善神としてのはたらきをも示す両義性を持っている。牛頭天王は朝鮮に由来する神ともいわれ、神仏習合的であるとともに、陰陽道の要素も入っている。

平安期から中世にかけて、御霊説を含む祟り説は広く受容され、日本では天譴説よりも一般的となった。このことは、道徳的な善悪よりも、現世を超え、その背後にある霊や神仏との関係を重視することを意味する。天譴説が儒教的な政治論を背景としているのに対して、祟り説は在来の神信仰に由来する要素を持ちながらも、仏教、とりわけ密教によって大きく展開し、さらに陰陽道的な側面も持つ複合的な性格を持っている。

③災害の主体的な受け止め

ところで、中世には、このような基本的な災害観を基にしながらも、さまざまな災害を主体的な立場でどのように受け止めるかという新しい展開が見られるようになった。その例として、鴨長明の『方丈記』や、日蓮の『立正安国論』が挙げられる。

鴨長明（一一五五〜一二一六）は、賀茂御祖神社（下鴨神社）の神官の子として生まれたが、神官としての道を閉ざされて出家し、京都南部の日野に隠棲した。『方丈記』は、その生き方を記した短いエッセーであるが、前半では、当時の火災・竜巻・遷都・厄病・地震など、さまざまな災害が続いたありさまを詳細に記している。当時は源平の戦乱のただ中であり、天災とともに、平家による福原への遷都のような政治的な混乱もまた、災害と同列に扱われている。

大勢の人が災害でたちまちに死に、そこにまた新しい家々が築かれていく様子に無常を痛感する。それが、巻頭の有名な文句、「ゆく河の流れは絶えずして、しかも、もとの水にあらず。よどみに浮ぶうたかたは、かつ消え、かつ結びて、久しくとどまりたる例なし。世の中にある人と栖《すみか》と、またかくのごとし」（簗瀬訳注、一九六七、15頁）に結実する。後半では、それと対照的に日野に隠棲してからの閑居の安らぎを述べる。だが、その安らぎに対しても、草庵の生活を楽しむのも執着になるとして、「汝、姿は聖人にて、心は濁りに染めり」（同、四九頁）と自省している。

このように無常を理論としてよりも、感覚的に「無常感」として捉え、そこから修行に励むのではなく、隠者として閑居を楽しむ生き方は、隠者文学と呼ばれる中世文学の大きなジャンルを形成するようになった。

『方丈記』が、災害の続く世間を逃れ、閑居の安らぎを求めたのに対して、天譴説や祟り説を取り入れながら、自らの宗教的実践と結び付けたのが、日蓮（一二二二〜八二）である。日蓮の当時は鎌倉時代後半に入り、さまざまな災害が続いて社会不安が高まった。『立正安国論』（一二六〇）の冒頭は、「旅客来りて嘆いて曰く、近年より近日に至るまで、天変・地夭《ちよう》・飢饉・疫癘《えきれい》、遍《あまね》く天下に満ち、広く地上に迸《はびこ》る。牛馬巷に斃れ、骸骨路に充てり。死を招くの輩、既に大半に超え、之を悲しまざるの族、敢て一人もなし」（佐藤訳注、二〇〇八、五九頁）と書き始められており、当時の状況が知られる。

そのような状況に、どうしたらよいかという客の問いに対して、主人が答えていく。その基本は、「世皆正に背き、人悉《ことごと》く悪に帰す。故に善神国を捨てて相去り、聖人所を辞して還らず。是を以て、魔来り鬼来り、災起り難起る」（同、六〇頁）というところにある。人々が正しいことに背いて悪に帰すると、善神は国を見捨てて去ってしまうので、残った魔や鬼が暴れて災害が起こるというのである。これは善神捨国説と呼ばれる。災害が道徳的な善悪と関係づけられる点で天譴説に近いが、天譴説の天が唯一的なのに対して、善神と魔・鬼の関係を問題にしたところに特徴がある。また、支配者だけの責任にせず、「世皆」とか「人悉く」のように、人々全体の責任に帰していることも注目される。そのことを日蓮は、『金光明経』等の経典を引いて論証している。

では、具体的に「正に背き」とか「悪に帰す」とはどういうことかというと、人々が『法華経』を捨てて、念仏に帰したことだとして、当時流行していた法然流の念仏を批判するのである。日蓮は『立正安国論』を政府に上呈して念仏の禁圧を実現しようとするが、かえって自分が佐渡に流罪にされる。その中で、日蓮は自らを見つめ、『法華経』の主体的な理解を深めることになる。それは、過去世において自分自身が『法華経』を誹謗《ひぼう》したので、それで現世の苦難を受けることになったのではないかという自省である。その自省が『法華経』の行者としての自覚をさらに深めていくことになった。

このように、日蓮の思想は念仏排撃などの極端なところもあるが、災害を思想的な問題として捉え、主体的な問題を深めているところに独自の展開がある。

2、近世の災害観

①知識人の自然観と災害観

近世になると、武士を中心とした知識人の世界では儒教が主流を占めるようになる。儒教では、天譴説のように天を超越的に立てる場合もあり、そのような見方は近世になっても見られる。とくに大名など支配者の自省の意味を持っていた（若尾、二〇〇四、一二七頁）。しかし、近世に広まった朱子学などでは、超越的な天を立てず、世界をそれ自体として内在的な原理で発展展開するものと考える。近世初期の『儒仏問答』は、儒者の林羅山と在家の仏教信者松永貞徳の論争を記したものであるが、仏教側が前世・現世・来世の三世の因果を説くのに対して、儒教側はこの世界が「万物一体」で展開していくと説き、その点が大きな対立点となった（大桑・前田編、二〇〇六）。

その立場では、自然と人間とは切り離されたものではなく、人間も自然の中の一部と考えられるのが一般であった。それに対して、丸山真男は、近世儒教の中に「自然」と「作為」（人為）を対立させる発想が生まれたことを指摘して、そこに近代の出発点を見た。とりわけ丸山が重視したのが荻生《おぎゅう》徂徠《そらい》である（丸山、一九五二）。朱子学が人間の社会や倫理を自然との一貫性において見るのに対して、徂徠は両者を切り離し、人間社会の秩序は聖人が人為的に作成したものと考えた。それによって人間社会は自然によって決められたものではなく、人間が責任をもって作っていくことが可能となるというのである。

今日、近世の思想は丸山の言うほど単純な展開を示しているわけではないことが明らかになっている。近世でも人間と自然は一貫して捉えるほうが一般的であり、そこから両者を二者択一的なものと見ずに、「自然」と「作為」の調和を求める道もある。すなわち、

「自然」に従いつつも、ある範囲で「作為」の要素を認めるのである。

それは、たとえば、二宮尊徳《にのみやそんとく》に典型的に見られる。尊徳は、小田原（神奈川県）や下野（栃木県）で冷害などによって荒廃した農村の復興に成功したが、その根本の思想は、「天理」と「人道」を対立させながらも、相補的と見ていることである。「夫世界は旋転してやまず、寒往けば暑来り、暑往けば寒来り、夜明れば昼となり、昼になれば夜となり、又万物生ずれば滅し、滅すれば生ず」（『二宮翁夜話』一。奈良本他校注、一九七三、一二二頁）というような自然の摂理を「天理」と呼び、それに対して、「人道は、是と異也」（同、一二三頁）と、「天理」と「人道」をはっきり区別する。人は羽毛も鱗もなく、裸で生まれるのであるから、「家がなければ雨露が凌がれず、衣服がなければ寒暑が凌がれず、爰に於て、人道と云物を立て、米を善とし、莠《ハグサ》を悪とし、家を造るを善とし、破るを悪とす、皆人の為に立たる道なり」（同）とされるのである。それゆえ、「天理より見る時は善悪はなし」（同）であるが、人道を立てるときに善悪が生ずることになる。

だが、「人道」は「天理」と全く相反するものではない。「人道はその天理に順《シタガフ》といへども、其内に区別をなし、稗莠を悪とし、米麦を善とするが如き、皆人身に便利なるを善とし、不便なるを悪となす」（同）ものである。このように、「人道」は「天理」と異なり、善悪を立てるものではあるが、「天理」を離れてはありえない。

このことを、尊徳は水車の譬喩《ひゆ》で巧みに説明する。「夫人道は譬ば、水車の如し、半分は水流に順ひ、半分は水流に逆ふて輪廻す、丸に水中に入れば廻らずして流るべし、又水を離るれば廻る事あるべからず」（同）と言われる。すなわち、半分は「天理」に従いながら、半分は「天理」に背かなければならない。それゆえ、「人の賤《いや》しむ処の畜道は天然自然の道」（同、一二四頁）であるのに対して、「尊む処の人道は、天理に順ふといへども又作為の道にして自然にあらず」（同）と言われるのである。尊徳は、このような思想をもって荒廃した農業の立て直しを図って成功する。災害に対して合理的に対処する道を切り開く思想といえる。

尊徳が活動したのは、それほど自然が厳しくない関東地方であったので、このような調和的な発想で立て直すことが可能であった。それに対して、自然が厳しく、しばしば飢饉に見舞われた東北地方では、そのような自然観では対処しきれなかった。東北の厳しい自然の中で、人為を否定して自然に帰ることで乗り越えようとしたのが、安藤昌益《あんどうしょうえき》（一七〇三～六二）であった。昌益は若い頃、災害に対して天譴説の立場を取っていた（若尾、二〇〇四）。暦学を学んだ時のノートである『暦ノ大意』では、「妖怪ハ国政ノ私ニ出デテ、天、是レヲ示ス。民ハ天真ノ舎ナリ。国政過《あやま》ツ則《とき》ハ、民、之レガ為ニ苦シム。民苦シム則ハ、其ノ憂ヒ、天神・地祇ニ応フ」（『安藤昌益全集』十六下、一二一～一二二頁）と言っている。国政が誤り、民が苦しむ時、その憂いに感応して天神・地祇が妖怪（異変）を示すというのである。

自己の思想を確立してからの昌益は、天神・地祇を媒介とせず、自然の自己運動として世界が展開すると考えるようになる。『自然真営道』（三巻本）序では、「自然ト言フハ、五行ノ尊号ナリ」（尾藤他校注、一九七七、一二三頁）と、その「自然」は五行であるという。その五行が進退するところに自ずから秩序が生まれる。「自リ然ル真ノ営ム所ニシテ、転定（＝天地）・人倫・鳥獣・虫・魚・草・木トナル所以ナリ」（同、二〇頁）と言われるように、その秩序は、宇宙的な「転定」（昌益独自の書き方で、天地のこと）から、人間がかかわる鳥獣草木等の環境世界、そして、人間世界にまで一貫するものである。その点で、昌益は世界と人間の一貫性を認める朱子学的な世界観と近い。しかし、そこで人倫とされるものは、封建的な身分差別ではない。昌益は徹底的に農耕の現場から人間社会の支配関係を否定し、「直耕」、すなわち直接的な農業生産に従事することを理想化する。それなのに、「不耕」の者たちが根本の自然のあり方に逆らって身分秩序を作り、支配収奪するところに人々の不幸が始まるというのである。

このような見方から、稿本『自然真営道』私法神書巻下では、「奇怪・転変ヲ以テ神ノ霊験ト為スコト、甚ダ失レリ」（『安藤昌益全集』十六上、六四頁）と、天変怪異現象を神の霊験とすることを否定している。また、菅原道真が雷神となって人を殺したという説を批判し、「天雷神ノ偶々落チテ人ヲ殺スコト之レ有リ、天雷之レヲ殺スニ非ズ、人ノ居所・行ク所、雷ノ落ツルニ遇ヒテ自《ひと》リ死スル者ナリ」（同、六七頁）と、落雷を神の所為ではなく、自然現象に偶々遭遇しただけだとしている。

しかし、昌益は災害を純然たる自然現象と見ているわけではなく、人間の善悪が転定（天地）の運行に影響を与えるとする。『統道真伝』には以下のように言われている。

人ノ気ハ呼気ヨリ出テ転定ノ吸気ト為リ、転定ノ運気コレナリ。此ノ故ニ人正気ナル則ハ転定ノ運気モ正気ニシテ、大風・妄雨ノ不正ノ気行行ハレズ、万物ノ生能《よ》ク生ズル。人、和喜ノ気ナル則ハ転定ノ運気モ和順シテ薬物ヲ生ジ、珍悦幸福ナル事人ニ到ル。人ノ常ニ妄欲心ニシテ、不耕ニシテ貪リ誑、悪念盛ンナル則ハ、其ノ悪心、邪気常ニ呼息ヨリ出テ転定ノ運気ヲ汚ス。其ノ邪気積リテ、運気終ニ大激ス。（『安藤昌益全集』十二上、二八四頁）

人間の心の正悪に従って転定（天地）の運気が影響され、和順であったり、激動したりするというのである。これは、人間の行為の善悪が最終的に自然の和順や災害をもたらすという点で天譴説に近いが、天という超越的なものの意志をいれずに、直接自然が人間の行為に反応すると見る点で異なっている。

このように昌益は自然と人間とを統合的に見て災害を考える立場を取るが、必ずしもそれが知識人に広く行われていたというわけではない。そもそも昌益の『暦ノ大意』は、西川如見《にしかわじょけん》の天譴説批判を再批判するものであった（若尾、二〇〇四）。昌益にあっては、自然と人間とは切り離すことはできないものであり、自然に反した人間生活を自然に戻さなければならないという強い倫理的な志向があった。それが天譴説、もしくはそれに近い説を採らせたゆえんであったと考えられる。

近世の知識人の多くは、もっと醒めた目で天災を見ていたように思われる。近世に広く行われた百科事典である寺島良安《てらしまりょうあん》の『和漢三才図会《わかんさんさいずえ》』（一七一二）の巻五五にある「地震」の項目は、最初に「震者動也、怒也」と定義して、「陽、陰下に伏し、陰に迫らる、故に外する能はず、以て地動に至る」（原漢文、四丁表）と簡略に説明している。さらに、諸書を引用した後、「按ずるに、地中に竅《あな》あり、蜂の窠《す》の如く、水潜り、陽気常に出入す。其の陰陽相和し、宜を得たるときは則ち常と為す。如し陽渋滞して出づるを得ず、歳月を積むときは則ち地脹れ水縮む」（同、四丁裏）として、それが原因で地震が起こるとしている。すなわち、人間の行為とは関係ない自然現象として、いわば科学的な説明を与えている。このように、近世には客観的、科学的、合理的な災害観もかなり広まってきていた。

②民衆の災害の受け止め方

このように知識人によって災害の理論的な説明がなされたが、一般の人々は災害をどのように受け止めていたのであろうか。まず、浅井了意の『かなめいし』を見てみよう。本書は寛文二年(一六六二)五月一日に京都方面で起きた大地震の模様を記したものであるが、当時流行した仮名草子と呼ばれる仮名で書かれた通俗的な読み物として出版された。本書については、北原糸子が詳しく紹介しているが(北原、二〇〇六、二三二〜二四五頁)、三巻からなり、「上巻は京都における地震実況的描写、中巻は、京都以外の地震の災害の概要、……下巻は日本地震史とでもいうべき古記録からの地震記事の抜書きと地震の原因についての解説、そして、この物語が成立するきっかけとなった事柄を紹介する」(同、二三九頁)という構成になっている。これは、近世に大地震のたびに出版される多数の地震誌のスタイルの原型となるものといわれている。ここには、地震自体の甚大な被害の様子はもちろん、その中での人々の慌てぶりや不安、悲嘆などが、諧謔も交えた軽妙な筆致で綴《つづ》られ、地震の情報を提供するとともに、地震に備える啓発的な読み物として広く受け入れられた。

本書下巻には地震の原因説として、「仏経」と「易道」の二説が挙げられている。「仏経」の説としては、中世にも行われた『大智度論』の四種説も挙げられるが、むしろ本書が詳しく述べるのは、この世界が風輪・水輪・金輪・土輪の四層からなり、風輪の動きが次第に上に伝わって地震が起こるという説である（『中阿含経』地動経に基づく）。「易道」というのは、中国古典の説であり、「陰気上におほひ、陽気下に伏して、のぼらんとするに陰気に押さへられて、ゆりうごく時にあたつて地震となれり」（井上校注・訳、七〇頁）という説を紹介している。これは上記の『和漢三才図会』などの説の原型的なものである。

本書の最後の章では、陰陽五行による災変説を挙げるが、「このたびの地震は、五穀ゆたかに民さかゆべきしるし也」（同、八二頁）と肯定的に述べているのは、体制批判を避けて出版統制を免れるためという（北原、二〇〇六、二四〇頁）。さらにその後に、

俗説に、五帝龍王、この世界をたもち、龍王いかる時は、大地ふるふ。鹿嶋の明神、かの五帝龍をしたがへ、尾首を一所にくゞめて、鹿目の石をうち置かせ給ふゆへに、いかばかりゆるとても、人間世界は滅する事なしとて、むかしの人の哥《うた》に、

ゆるぐともよもやにけじのかなめいし　かしまの神のあらんかぎりは

（井上、一九九九、八三頁）

鹿島神宮の要石の話であり、これが本書の書名となっている。龍が地震を起こすのは、先に見た四種または五種動の一つの龍動に由来するが、同時に龍は中世においては国土を取り巻いて護《まも》る神的存在でもあった（黒田、二〇〇三）。それが次第に俗化して、やがて鯰《なまず》に変わるのである。

本書はこのように諸説を挙げながらも、そのどれか一つに決定するわけではない。また、庶民はそのような理論的な説明に満足するわけではない。豊国神社周辺は揺るがなかったために、豊国神社に参詣する人が列をなしたという。また、占い師たちがさまざまな占いをし、神社では託宣が相次いだ。著者はそのようなにわか託宣に皮肉な目を向けているが、それでは自分は冷静沈着かというと、地震のとき、妻と間違えて熊野比丘尼の手を取って逃げ出し、妻から追い出されたという。そこで、出家の姿となって、そこで処々に地震のありさまを見聞して本書を書いたというのである。これはフィクションであろうが、いざとなれば慌てふためく自分自身を戯画化すると同時に、そのような庶民の姿に温かい目を注いでいるところに本書の特徴がある。

このような庶民の災害観を最もよく著したのが、幕末の安政二年（一八五五）十月二日の江戸を中心とした大地震の後に売り出され、大流行した鯰絵である。これは、鹿島神宮の要石に押さえられていた大鯰が暴れたために地震が起きたという俗説に則りながら、鯰を主人公にして地震の諸相を描いた一枚ものの版画で、二〇〇種類以上が知られている。小松和彦は、その絵柄を四種類に分類している（小松、一九九五、一一六頁）。

1、怪物鯰の活動で生じた地震の惨状を描いたもの。

2、地震制圧の神として鹿島大明神を筆頭とする神々や民衆による地震の制圧・鯰退治を描いたもの。

3、復興景気で一部の職人たちが大喜びをし怪物鯰に感謝しているもの、あるいはその逆の、地震のために職を失ってしまった人たちの窮状を描いた震災直後の世相を描いたもの。

4、金持ちをこらしめたり、新しい世界を出現させる、いわゆる世直し鯰を描いたもの。

このように、地震を起こす鯰は悪者ではあるが、同時に福神的な性格も持っている。地震は「富の偏在を改めさせ、職人層に潤いをもたらす経済的恩恵」（北原、二〇〇〇、二二六頁）をも持っていたのであり、そこから歓迎されるところもあった。

さらにまた、北原糸子は、神的な大鯰に対して、庶民的な姿で描かれる小鯰（鯰男）に注目している。「庶民たるこの鯰男が活々《いきいき》と描かれるのは、地震によって地底や泥沼から解放されたから」（同、二二八頁）であり、庶民にとって、災害は非日常の開放感を伴う

「災害ユートピア」（同、二二〇頁）の面があったとしている。

以上のように、古代中世には、災害に対して人知を超えた超越的な原因を求め、天譴説、陰陽道説、祟り説などの形態を取っていた。それが近世になると、世俗化の様相が強くなり、超越性が弱まり、これらの説は次第に変形していく。一方で、地震に関して客観的な自然現象と見る見方が知識人の間で広まるとともに、他方で、自然が人間の行為をも含めて展開していくという考え方から、安藤昌益のように、超越的な天や神ではなく、自然が直接人間の行為に感応するという説が見られた。一般の庶民の間では、中世の龍が鯰に変わり、鯰絵に発展していく。これは、超越的、神的な力が矮小化《わいしょうか》されながら、しかし、消えてなくなるわけではないという近世的な状況を示している。中世の魔的な存在が、近世には幽霊や妖怪に変貌するのと同じである。

3、近代の災害観

近代になって、第二次世界大戦までの間で最大の災害は、大正十二年（一九二三）九月一日に起きた関東大震災であった。東京を中心に、死者が一〇万人を超え、首都圏が壊滅状態に陥った。関東大震災は、とりわけ火災による被害が大きく、本所被服廠《ひふくしょう》跡の公園では、旋風を伴う火災によって四万人もの人が亡くなった（吉村、二〇〇四）。現在その跡地に東京都慰霊堂が建てられ、大震災の死者と東京大空襲の死者とを祀っている。

関東大震災でもう一つ忘れてならないのは、さまざまな流言蜚語《りゅうげんひご》が流されて人々の不安を煽《あお》ったことである。中でも朝鮮人や社会主義者が暴動を起こすという流言は人々に強い警戒心を起こさせ、各地で自警団を組織して朝鮮人を誰何《すいか》し、虐殺するようなことさえも起こった。社会不安が高まっていた中で、情報伝達が不十分であったことが原因である。

関東大震災の後では、このような事態を反省し、思想的に深める営為がさまざまな形でなされた。たとえば、東京帝国大学理科大学教授で同時に随筆家としても知られる寺田寅彦《てらだとらひこ》（一八七八〜一九三五）は、震災後の調査に当たるとともに、いくつかの随筆で震災についての知見を示した。その基本的な考え方は、「文明が進めば進むほど天然の暴威による災害がその激烈の度を増す」（寺田、二〇一一、一二頁）というところにある。すなわち、文明が進めば進むほど、人間は自然に逆らって人為的な造営物を造ってきたので、それが災難を増すことになるというもので、簡単に文明が進んで防災が徹底すれば災害が少なくなるという楽観論を批判している。

震災を期に文明の進化を反省するという方向は、新たな形で天譴説のよみがえりをも招くことになった。作家で鋭い文明批評家であった永井荷風《ながいかふう》は、その日記『断腸亭日乗《だんちょうていにちじょう》』で、「近年世間一般奢侈驕慢《しゃしきょうまん》、貪欲《どんよく》飽くことを知らざりし有様を顧みれば、この度の災禍は実に天罰なりといふべし」（大正十二年十月三日）（永井、一九八七、六九頁）と言っている。荷風は、「外観をのみ修飾して百年の計をなさざる国家の末路は即かくの如し。自業自得天罰覿面《てきめん》といふべきのみ」（同、七〇頁）と言うように、表面だけの無理な近代化を無計画に推し進めてきたことへの批判と結び付けている。これは、災害を支配者の戒めとする儒教的な天譴論とは異なり、近代の文明のあり方を問い直す新しい形の天罰論ということができる。

新しい形の天罰論としては、キリスト教の立場に立つ内村鑑三《うちむらかんぞう》の説が注目される。内村は震災後、「天災と天罰及び天恵」を発表し、その天罰観を表明した。それによれば、「天災は読んで字の通り天災であります。即ち天然の出来事であります。之に何の不思議もありません。地震は地質学の原理に従ひ、充分に説明する事の出来る事であります。自身に正義も道徳もありません」（『内村鑑三全集』二八、一八頁）としながらも、「然《しか》し乍《なが》ら無道徳の天然の出来事は之に遭ふ人に由て、恩恵にもなり又刑罰にもなるのであります。そして地震以前の東京市民は著るしく堕落して居りました故に、今回の出来事が適当なる天罰として、彼等に由て感ぜらるゝのであるます」（同）と続けている。すなわち、地震は全くの自然現象でありながら、それを受け取る側によってその意味が変わってくるというのである。そして、東京市民が堕落していた故に、関東大震災は天罰であると受け止めている。

どのように東京市民が堕落していたのか。内村は、「今回の震災は未曾有《みぞう》の天災たると同時に天譴である。……近来政治界は犬猫の争闘場と化し、経済界亦商道地に委し、風教の頽廃《たいはい》は有島事件の如きを賛美するに至ったから此大災は決して偶然でない」という渋沢栄一の言葉を引いて、賛意を評している。

有島事件というのは、大震災の少し前、大正十二年（一九二三）六月に、作家有島武郎《ありしまたけお》が人妻の波多野秋子と心中した事件であり（発見は七月七日）、スキャンダラスな事件として世間の話題となった。渋沢はそれを道徳的頽廃の極致として非難しており、内村もそれに賛意を表しているが、じつは内村の場合、ただ単に道徳的頽廃を問題にしているだけではない。有島は内村の薫陶を受けてキリスト教に入信しており、有島の行為は背教として許すべからざるものであった。

大震災前の説教で、大震災直後に発表された「神は侮るべからず」は、有島事件を念頭に、背教者を厳しく責める言葉に終始している。その中で、「神が時々其怒を表はして、明白なる正義を曲げて歓びとなす者を罰して下さるに非ざれば、それこそ世界は亡びて了ふのであります」（同、一〇頁）と、神罰が下ることを予言している。

もっとも背教者の有島はすでに死んでいるのであるが、大震災後の論調では、有島個人だけでなく、退廃しつくした東京市民すべてに、罰が下ってしかるべきものという議論を展開している。内村はその後、同年中に書かれたいくつかの文章で、ソドムとゴモラの話をはじめ、『旧約聖書』をしばしば引いて、神に背いて堕落した地に神罰の下ることを繰り返し説いている。

それらの文章の中でも、「理学と信仰」では、「万事は之を二つの方面より解釈する事が出来ます。之を天然的に解釈する事が出来ます。又信仰的に解釈する事が出来ます」（同、六三頁）と二つの見方を挙げたうえで、「理学は万事の説明ではありません。理学以上の理学があります。神の聖旨《みこゝろ》が成りつゝあるのであります。世界の過去を顧みて有つた事はすべて悉く善き事であつた事が判《わか》ります」（同、六七頁）と、あくまで理学を超えた信仰の立場に立ちながら、すべてを「神の聖旨」として受け入れるべきことを説いている。

このように、内村の天罰論は、一見過去の天譴論の流れを引く道徳主義的な災害論のように見えながら、じつはあくまでもキリスト教における神の摂理と信仰の議論である点で、これまでの日本になかった新しい説ということができる。

一九四五年八月九日に長崎に原爆が投下されたが、それにより浦上天主堂周辺のカトリック信者の多い地区が大きな被害を受けた。長崎のキリスト教は江戸時代の厳しい弾圧に耐えてきたが、再び大きな受難を蒙ることとなった。自らその被害に苦しみながら復興を指導した永井《なが い》隆《たかし》（一九〇八～五一）は、キリスト教の立場から長崎の原爆を意味づけ、受け止めようとした。それが長崎燔祭説と呼ばれるものである。

世界大戦争という人類の罪悪の償いとして、日本唯一の聖地浦上が犠牲の祭壇に屠《ほふ》られ燃やさるべき潔き羔《こひつじ》として選ばれたのではないでしょうか？……信仰の自由なき日本に於て迫害の下四百年殉教の血にまみれつつ信仰を守り通し、戦争中も永遠の平和に対する祈りを朝夕絶やさなかったわが浦上教会こそ、神の祭壇に献げらるべき唯一の潔き羔ではなかったでしょうか（永井、一九九五、一四五〜一四六頁）

永井は受難の地長崎こそ選ばれた地として、人類すべての罪を負って原爆の被害にあったのであり、そこに神の摂理を見ようとする。それは苦難を選ばれたもののゆえと見ることで乗り越えようとするもので、これもまた、従来の日本の発想にはなかったものということができよう。

天譴説、天罰説をめぐっては、東日本大震災後にも大きな議論となり、私自身それに関係している（末木、二〇一二）。ここではそれに立ち入らないが、その際、従来の日本の思想や宗教以外にも、南伝系仏教のテーラワーダや、チベット仏教の立場からも積極的に震災に関して発言し（たとえば、ダライ・ラマ十四世、二〇一二）、国際的な広がりをもってきていることは注目される。ただ、その議論の際にいまだ必ずしも上記のような日本における思想史的な展開が十分に踏まえられていないように思われる。厳しい災害をしばしば受けてきた日本において、それをどのように人々が受け止めてきたのか、その思想の多様なあり方をもう一度振り返って議論する必要があるであろう。

【参考文献】

東浩紀（二〇〇一）「震災でぼくたちはばらばらになってしまった」（『思想地図β』二）
麻原彰晃（一九九五）『日出づる国、災い近し』（オウム）
井上和人校注・訳（一九九九）『かなめいし』（『仮名草子集』、新編日本古典文学全集六四、小学館）
大桑斉・前田一郎編（二〇〇六）『羅山・貞徳「儒仏問答」』（ぺりかん社）
北原糸子（二〇〇〇）『地震の社会史』（講談社学術文庫）
北原糸子編（二〇〇六）『日本災害史』（吉川弘文館）
黒田日出男（二〇〇三）『龍の棲む日本』（岩波新書）
小松和彦（一九九五）「民衆の記憶装置としての鯰絵」（宮田・高田編（一九九五）所収）
佐藤弘夫（二〇〇八）『日蓮「立正安国論」全訳注』（講談社学術文庫）
末木文美士（二〇〇七）『他者／死者／私』（岩波書店）

末木文美士（二〇一〇）『他者・死者たちの近代』（トランスビュー）
末木文美士（二〇一二）『現代仏教論』（新潮新書）
ダライ・ラマ十四世（二〇一二）『傷ついた日本人へ』（新潮新書）
寺田寅彦（二〇一一）『天災と国防』（講談社学術文庫）
中井久夫編（一九九五）『一九九五年一月・神戸』（みすず書房）
永井荷風、磯田光一編（一九八七）『摘録断腸亭日常』上（岩波文庫）
永井隆、サンパウル（一九九五）『長崎の鐘』（アルバ文庫版）
奈良本辰也他校注（一九七三）『二宮尊徳・大原幽学』（日本思想大系五二、岩波書店）
西岡虎之助（一九二三）「王朝時代の地震と其に対する思想」（『社会史研究』四〇巻 四号）
尾藤正英他校訂（一九七七）『安藤昌益・佐藤信淵』（日本思想大系四五、岩波書店）
北條勝貴（二〇〇六）「災害と環境」（北原編（二〇〇六）所収）
丸山真男（一九五二）『日本政治思想史研究』（東京大学出版会）
宮田登・高田衛編（一九九五）『鯰絵』（里文出版）
宮台真司（一九九八）『終わりなき日常を生きろ』（ちくま文庫）
森岡正博（二〇一二）『生者と死者をつなぐ』（春秋社）
簗瀬一雄訳注（一九六七）『方丈記』（角川文庫）

吉村昭（二〇〇四）『関東大震災』（文春文庫）
若尾政希（二〇〇四）『安藤昌益からみえる日本近世』（東京大学出版会）
若松英輔（二〇一二）『魂にふれる』（トランスビュー）
（他に『安藤昌益全集』『内村鑑三全集』を用いた。）

付記

本稿は、二〇一二年一月十一日に東日本国際大学・いわき短期大学儒学文化研究所主催講演会で「日本人の災害観」と題して講演したものを基に論文化した。その韓国語訳は、ソウル大学日本研究所刊『日本批評』七（二〇一二）に掲載された。その後の社会情勢の変化や研究の進展によって加筆修正を要するが、韓国語版との対応を考え、最低限の字句の修正に留めた。

いわきから問う
東日本大震災

宗教と震災復興

日蓮思想の場合

松岡幹夫
M A T S U O K A　M i k i o

はじめに

「地震（earthquake）」が自然現象を指すのに対し、「震災（earthquake disaster）」は人間の苦悩がまとわりついた言葉である。科学的世界観の基底にも所与の生活世界（life-world）があると認めた時、私たちは広義には「震災」しか語りえないだろう。「震災」は、まさしく人間が生を営む意味の世界のうちにある。

ところが、世俗化が進み、リベラリズム的な価値中立性を重んずるに至った現代社会において、出来事の意味を問うような震災論は慎重に敬遠される。一昨年、未曽有の東日本大震災に見舞われた日本でも、そうであった。「地震が起きたメカニズムとは何か」「なぜ、多くの人が津波から逃げ遅れたのか」「福島第一原発の事故は想定外だったのか」――マスメディアは世論を科学的、技術的、あるいは政策的な問題へと誘導し、大惨事の意味を考える議論は社会の片隅に置かれた感がある。価値中立性は、価値の多元主義でもある。価値中立的な社会は、思想家や宗教家らの震災論を個人的趣向とみなし、それらにふさわしい周辺的な場所を提供する。それによって、価値の多元性を担保するわけである。

ただ、いかに周辺に追いやられようと、意味や価値なくして人間の生活世界は成り立たない。あらゆる善の信念から解放されたはずのリベラルな主体も、社会全体を覆う、漠然たる死生観や世界観の透明な支配には服している。ハイデッガーが指摘した、死から目をそらす近代人の非本来的な生き方は、実際にはさほど徹底したものではない。私たちは他者の死に接すると、大なり小なり、自己の死をも思わざるをえない。そうした折、東アジアでは今も、輪廻《りんね》転生《てんしょう》や子孫の繁栄などに自己の永続への望みを託す向きがある。西洋世界の人々なら、とかく天国や地獄の観念が先行しがちであろう。あるいは、合理主義者が自然法則としての死に安心を見いだすのも一種の意味づけに他ならない。人間は、人生の万般に何らかの意味を与えて心身の平静を保つ。

数万人規模の死傷者を出した東日本大震災についても、時の経過とともに、種々の意味が一層論じられることになろう。思うに、震災それ自体の意味は、後の復興に左右される面が大きい。人類は、自らが作った歴史によって自らを裁く。震災は、そこから立ち直れなかった時には衰退の始まりとされ、復興を果たした時には成長への試練となる。私たちが望むのは、言うまでもなく後者であろう。ゆえに今、問われるべきは、震災そのものよりも震災復興へ向かう意味づけである。

震災復興は、まず人間精神の復興から始まる。その人間の精神は思想を土壌として開花する。なかんずく、精神を強靭《きょうじん》にする思想的土壌が宗教であろう。宗教は、震災復興の原動力たりうる。この問題意識に基づき、私は、鎌倉新仏教の祖師の一人・日蓮の思想に注目する。日蓮は、中世日本で起きた大震災を契機に自己の思想を形成し、時代の混乱を社会変革のうねりに変えようとした。震災復興に対して明確な視座を持った仏教者、それが日蓮なのである。

1 震災復興に対する仏教者の態度

地震、台風、洪水などの自然災害に衝撃を受け、悲嘆にくれる人々に対し、一般に仏教者はどのような態度をとるのか。最初に、この問題から入っていきたい。

一例として、二〇一一年四月二十九日、東京・護国寺で営まれた「東日本大震災犠牲者四十九日特別慰霊法要」における、チベット仏教のダライ・ラマ十四世の法話を見てみよう。ダライ・ラマ氏は、「四大、五大という世界の構成要素がバランスを崩して生じた自然災害が起きてしまった」とし、「私にできることは祈願をし、被災された方々に追悼の意を捧げること」と述べた後、「逆境に立たされたときは、その状況を自分が悟りに至るための道の一つとして使うという修行法がある」「困難な状況に出会ったとき、自分自身の精神を高めることができる」などの励ましの言葉を送ったとされる。[1]

天災に対する諦観、追悼の祈り、逆境での精神向上、という三つの仏教者の態度が、ここに表現されている。このうち追悼の祈りについては、実際に日本の伝統教団の僧侶たちが慰霊や復興祈願、読経ボランティアなどを行っているが、祈りの行為自体は当然のごとく、仏教以外の諸宗教にも通ずる。それゆえ、天災の諦観と困難を通じた精神向上が一応、震災復興に対する仏教者の特徴的な態度と言えよう。

天災に対する諦観は、仏教の特色の一つに挙げてもいいほどである。先のダライ・ラマの法話では、宇宙を構成する五つの要素（地・水・火・風・空の五大）の乱れから大震災が生じたと述べられていたが、こうした乱れは万物流転のゆえに起きるとされるわけだから、根底には仏教の無常観がある。つまり、仏教において震災は自然現象＝諸行無常の現実ととらえられる。天災の諦観は、人間の無力さを浮き彫りにする。だが、震災による苦しみを天然自然の所産と見ることで誰の罪でもないと人々に納得させられるなら、被災者の心のケアにつながり、静かな復興の力となる。東日本大震災から半年を機に仏教系の中外日報社が実施した「教団アンケート」によると、「例えば天台宗は、『諸行無常』の現実を受け入れつつ……『人々の喪失感や孤独感の克服に関わることが（僧侶の）社会活動』と回答」したという。[2]

そして、このような諦観を基に、仏教者は震災の苦難を精神向上の機会にしようともする。日本在住のスリランカ僧であるA・スマナサーラ氏は、一切が無常であることを理解して心の落ち着きを失わず、前向きに努力して震災の不幸を乗り越えようと訴える。[3] 現在、菩薩行・利他行の理念から被災者に寄り添い、同苦しようとする多くの仏教者の姿がみられる。震災は、被災者を無常の現実に気づかせ、菩薩行の修行者には宗教的な成長をもたらす。たしかに、震災を自他の精神を向上させる契機とすることはできるだろう。無常の諦観と共に精神の向上をはかる。要言すると、これが震災に直面した仏教者の基本的な態度となる。

しかしながら、精神の向上といっても、諸行無常という受動的な人生観をともなう以上、現状追従の方向性が強くなり、[4]「社会の復興」という変化に向かう能動性には欠ける嫌いも出てくる。仏教者が説く「心の復興」の根本問題は、ここにひそんでいるように思われる。もっとも、「心の復興」が直接的に「社会の復興」への力となるような思想の伝統が、仏教の中にもないわけではない。私はそれを、とりわけ日蓮の仏教に見いだしている。日蓮には、「立正安国」の思想がある。

正法を立てて国土の安穏を実現せよ、という立正安国の主張は、じつは未曽有の大震災を体験した日蓮が示した、社会復興の道筋に他ならなかった。この大震災とは、いわゆる「正嘉の大地震」（正嘉元年、一二五七年）である。鎌倉期成立の歴史書『吾妻鏡』には「大地震、音あり、神社仏閣一宇として全きはなし。山岳頽崩し、人屋顛倒し、築地皆悉く破損し、所々地裂けて水涌き出ず。中にも下馬橋の辺、地裂け破れ、其中より火炎燃え出てて色青し」「去月廿三日の大動以後、今に至るまで小動休止せず」などと記され[5]、甚大な被害と度重なる余震もあったことがうかがわれる。これほどの大地震は前代未聞と考えた日蓮は、仏法の乱れが国土の災難を招いているとして、震災から三年後の文応元（一二六〇）年に『立正安国論』を著し、当時の最高権力者に提出する。その結論部分に「汝早く信仰の寸心を改めて速に実乗の一善に帰せよ、然れば則ち三界は皆仏国なり仏国其れ衰えんや十方は悉く宝土なり宝土何ぞ壊れんや[6]」とあり、まさに心の変革が国家社会の再建につながるとの見解が述べられている。

日蓮の理解では、釈尊（ブッダ）は外道の顛倒した常・楽・我・浄の世界観を論破するために苦・空・無常・無我を説いたものの、大乗の『涅槃経』などで如来の常住と涅槃の楽が示されるように、真実にはこの世を常・楽・我・浄と見たのだという[7]。『法華経』の寿量品にも「衆生見劫盡　大火所焼時　我此土安穏　天人常充満（衆生の、劫盡きて　大火に焼かるると見る時も　わがこの土は安穏にして　天・人、常に充満せり）[8]」とあるが、この娑婆世界は諸行無常でありながらも安穏な楽土でなければならない、との強い思いが日蓮にはあった。いわゆる娑婆即寂光、娑婆即浄土の思想である。それゆえ彼にあっては、震災からの「心の復興」が、そのまま「社会の復興」と結びつけられた。

震災に対する日蓮のこうした態度は、日本の仏教思想史においてもひときわ異彩を放っていよう。自然災害に遭遇した日本の仏教者たちは、おおむね世の無常を語り、災害の犠牲者にただ生滅の理を説いてきたと言える。たとえば、日蓮が『立正安国論』を提出した文応元年の十一月、京都にいた親鸞は、正嘉の大地震以降の東国の惨状を門下から伝えられ、返信の中で次のように記している。「なによりも、こぞ・ことし、老少男女おほくのひとびとのしにあひて候らんことこそ、あはれにさふらへ。ただし生死無常のことはり、くはしく如来の説きをかせおはしましてさふらふうへは、おどろきおぼしめすべからずさふらふ」[9]。去年と今年の災難で多くの老若男女が死んだのは哀れだが、これも仏が説く生死無常の理であるから驚いてはならない――。親鸞の筆致は、無常観と自然法爾の心境に彩られている。そこには、仏教者らしい諦観をともなう精神向上の観点がみてとれよう。が、しかし、日蓮のように社会の復興へと向かう強い意志は認められない。この点は道元も同じであり、人間や自然の無常をこれ仏性なりと明らめても、社会建設への意欲を露わにしなかった。彼自身、俗世間の救済にはかかわらず、あくまで仏法を行ずる中に社会福祉を位置づけたことが指摘されている[10]。

以上のように考えてくると、今日、日蓮の教えを奉ずる各教団は、他宗の諸教団よりも、震災復興への社会的な取り組みに参与しやすい思想環境にあると言わねばならない。事実、日蓮系の伝統教団や新宗教の多くが、復興祈願や慰霊法要などの祈りの次元だけでなく、避難者受け入れ、義援金寄付、支援物資搬送などの社会貢献を熱心に行っている。ただし、復興支援の目的がもっぱら被災者の心の安定や癒しに向けられた場合には、仏教者全般に通ずる諦観的な精神向上の呼びかけにとどまるといえ、仏国土建設を唱えた日蓮の思想性を継承するとは考えがたいものがある。

2 仏法に基づく多元的な災因論

では、日蓮思想はなぜ、かくも積極的、能動的な復興の姿勢を有するのか。すでにその回答として娑婆即寂光の現世肯定観を提示したが、ここでは角度を変えて日蓮の自然観や人間観を検討しよう。

周知のように、物質と精神を区別するデカルト的二元論を受け入れた近代人は、人間と自然を対立的にとらえ、客体としての自然を分析することで科学を進展させていった。ところが、それは人間による自然支配を無遠慮に推し進め、前世紀の後半以降、地球環境の破壊が深刻化した。すると、その反省の中から、物心二元論を見直し、人間と自然を相関的に理解しようとする動きが現れ、時間的にも空間的にも縁起の相互依存観を持った仏教思想への注目が高まったのである。

とはいえ、留意しておきたいのだが、仏教は主体（人間）と客体（自然）の単純な相関論にとどまらない。もともと釈尊は、考えうる一切の区別を執着の思考とみなした。この無執着の思想が、やがて事物を区別するもしないも自在といった、大乗仏教の世界認識をもたらす。華厳哲学の相即相入や法華経哲学の円融相即などがそれであり、主客の区別がありながら主体が客体化し、客体が主体化する様相が看取される。すなわち、人間も自然も主体と同時に客体なのであり、精神と物質が自在に浸透しあうところに仏教的な主客相関論の特質が認められる。

昨今、日本の仏教界では東日本大震災が天災であるか人災であるかを問う議論が起きているが、右の仏教的な相関論に立ち返る時には、そのように二者択一的な問題の設定自体が、執着の思考に支配されたものと映る。物質的な「色法」の自然にも心＝「心法」がある。そして、色法と心法とは相即不二（色心不二）である。そう徹見する仏教者ならば、震災を諸行無常の自然現象ととらえるのみならず、自然の心が反映した結果とも見るはずであろう。中国隋代の天台智顗が確立した「一念三千」の法華経哲学によれば、山河大地などの自然界を意味する「国土世間」にも、地獄・餓鬼・畜生・修羅・人・天・声聞・縁覚・菩薩・仏という十界の心が具わる。この天台の一念三千論を踏まえ、日蓮も「一切衆生のみならず十界の依正の二法非情の草木一微塵《みじん》にいたるまで皆十界を具足せり」[11]「心すなはち大地大地即草木なり」[12]などと述べ、自然界の心を承認した。

かくして、「心の復興」から「社会の復興」を目指す、日蓮思想の世界観の構造が徐々に判明してくる。日蓮において、震災という自然現象は、たとえば日蓮文書中に地震が地神の怒りとして表現されたように、自然における心の苦悩を意味すると解してもよい。そして、自然の心は人間の心と相互浸透しつつ一念三千の世界を構成する。この意味から、「浄土と云ひ穢土と云うも土に二の隔なし只我等が心の善悪によると見えたり」[13]と『一生成仏抄』に記されるように、震災を人間の心と結びついた現象と見ることも可能である。要するに、仏教的には、震災の原因を自然にも人間にも帰すことができるわけである。日蓮の『立正安国論』を天災説か人災説かと二者択一で論ずることは、それ自体が不当であろう。

さらに言えば、安国論で主張された災害の仏法起因説も、それ自体が特定の立場を持つわけではない。法華経的な「諸法実相」の世界観に立てば、人間も自然も皆仏法、心も物質も共に仏法ということになる。災害が仏法に起因する、という日蓮の主張を一元的な災因論とみなすのは不当であろう。むしろそれは、災害には自然も人間も関与するし、心の次元からも物質の次元からも災因が論じられる、といった多元的な災害観に等しいと言える。ただもちろん、日蓮はすべてを仏法とみる一元性も捨て去ることがない。

自然界が物理的なバランスを失う、人間の心が荒廃する、自然の心が苦しむ――。法華経哲学は、これらの見解をすべて承認しつつ、本源的には一切を仏法の乱れとして理解する。日蓮が唱えた災害の仏法起因説は、天災説にも人災説にも傾かず、物質的世界と精神世界を貫く根源的実在である仏法の視点から災害を見極めたものに他ならない。

考えてみれば、日蓮の自然観はじつに多彩であった。「四節の転変は万国皆同じかるべし[14]」「春は花さき秋は菓なる夏はあたたかに冬はつめたし時のしからしむるに有らずや[15]」などと自然界の運行の規則性に触れたかと思えば、「日月天の四天下をめぐり給うは仏法の力なり[16]」とその規則性が仏法の力であると言い、かたや大地や草木の心を説いてやまない。「五大は題目の五字なり[17]」とあるように、日蓮にとって地・水・火・風・空という宇宙の構成元素（五大）は妙法五字の真理以外の何ものでもなく、また『法華経』の法門は「月こそ心よ・花こそ心よ[18]」と汎神論的な心の哲学を教えるものであった。物質（色法）と精神（心法）が二にして不二《ふに》であるならば、そこからは天災即人災、人災即天災という中道の見解が導かれるわけである。

さらにまた、日蓮思想の文脈から自然災害を論ずる際には、仏教僧が内部から仏法を破る事態はもとより、世間的な人心の荒廃も考慮に入れなければならない。日蓮は、震災等の原因を仏教内の議論に押し込めようとはしなかった。仏典や諸論書を通じ、仏教が存在しない国でも人間が道徳的に頽廃すれば災難が起きる、と説いたのが彼であった。そのことは、複数の日蓮文書に示されている。一例を挙げると、『刑部左衛門尉女房御返事』では、不孝者の住む処に天変や震災ありとして「夫外典三千余巻には忠孝の二字を骨とし内典五千余巻には孝養を眼とせり、不孝の者をば日月も光ををしみ地神も瞋をなすと見へて候」「或経に云く……不孝の者の住所は常に大地ゆり候なり」[19]などと述べられている。

要するに、日蓮思想では、仏法の自在な真理に基づき多元的な災因論を説くことが帰結される。日蓮の立正安国思想を教条主義的な仏法至上主義と決めつけるのは誤りだろう。日蓮は、一切の多なるものが相即して不二である一念三千の実相を見据え、仏法を根本に多元的な災因論を説くとみられる。

3 自由な変革者——人間

ならば、日蓮が『立正安国論』において震災復興の鍵とした心の変革（「実乗の一善」への帰依）とは、いったい何を意味するのか。すでに論じたとおり、日蓮思想では心が自然と人間の双方に存在し、心の正体は仏法であるとされた。したがって、日蓮が唱えた心の変革は心的、生命的な仏法の真理の発動を指すと言ってよく、これが「立正」の意義である。

そのうえで、日蓮が人間の心のあり様を問題視したのは、生命的な仏法の真理の能動性を担い立つ潜在力が自然でなく人間の側にあるとみたからである。平たく言えば、生物の中では人間だけが自らの力で仏法の悟りに向かっていける。日蓮の震災観に関しては、天災説とか人災説とか論ずる前に、人間の能動性という観点が極めて重要となろう。立正安国思想の深層にあるのは、人間の心は自由自在ゆえに災害を招くことも楽土を作ることもできるのだという、人間の自由に対する限りなき信頼である。この特筆すべき人間尊重の精神が、罪深き人間の過ちを神仏が罰する、などと教える天罰論の類と抜本的に異なるのは言うまでもない。

ここで現代的な視点から疑問を差し挟むと、いくら人間が心の能動性を通じて所与の自然の心を変革したとしても、一定の法則性を持った地震の周期は変えられないのではないか、といったものがあろう。これは自然法則と宇宙の神秘を架橋する根本的次元にかかわる問題なので、簡単に回答はできない。以下は一応の所見である。第一に、地震のメカニズムは複雑であり、その周期性が時計の針のように厳密ということでもない。したがって、人々の善心が保たれる間は地震発生の周期が延びる、というような仏教的主張も成り立ち、それをわれわれの理性が完全に否定するのは難しいだろう。第二に、人々の心が善化すれば、おのずから相応の国土を選ぶようになり、地震が発生する地域から何らかの距離を置くという可能性も考えられる。第三に、これが最も重要な論点なのだが、大乗仏教では心が本来、自由／不自由の二項対立を離れた自由自在の真理であって、不自由さえも肯定的に受け止める自在な力を持つと説く。たとえば、「煩悩即菩提」「生死即涅槃」の教説などがそれである。[20]ゆえに、私たちの心が本来の自在性を得る時には、地震という不自由の災難をも肯定できることになろう。それは取りも直さず、地震による被害が深刻化しないという事態を意味している。いわば、人間と地震が調和するのである。[21]

続いて、次のような現代的疑問も検討の価値があろう。人類が出現する前の地球や生命が存在しない他の天体においても地殻変動、爆発、暴風、洪水などがあったと考えられるが、この場合は人間の心と無関係ではないか、との問いである。たしかに、それらは純粋な自然現象とみるしかない。しかし一念三千論に照らせば、自然現象としての地殻変動などは、自然における十界の心の動揺であるとも解釈できる。自然の心に六道輪廻のごとき変化があるとすれば、大地が裂け火炎が噴き出すような現象は自然の地獄界の姿と言えなくもない。むろん、こうした破壊的現象が地獄のようにみえるのは人間の主観にすぎず、自然それ自体に苦楽などないと言う人もいるだろう。けれども一念三千の世界にあっては、人間の心と自然の心が相即して不二であり、人間の心に映じた地獄の景色は自然の心にも地獄と映らねばならない。仏教では世界が成住壊空の四劫を繰り返すと説くが、一念三千の眼差しはそこに生老病死に苦しむ自然の心をも見いだす。そういうわけで、人間のいない場所で起きる破壊的現象には、もとより人間の関与はないが、その現象が自然の心の反映とされる以上、自然の心と不二の人間の心が全く無関係だとも言えないのである。

4 「立正安国」の思想構造——その普遍と特殊

ここまで、日蓮の立正安国思想が心の変革によって天地自然に平穏をもたらそうとするゆえんを、仏法に基づく多元的な災因論と人間の自由な変革という観点から読み解いてみた。ただし、こうした仏教的な論理とは別に、『立正安国論』がはなはだ神話的な叙述形式を採用していることも、また事実である。「世皆正に背き人悉く悪に帰す、故に善神は国を捨てて相去り聖人は所を辞して還りたまわず、是れを以て魔来り鬼来り災起り難起る」というような『立正安国論』の論調を素直に受けとるなら、日蓮は神罰的な——日蓮文書には善神による治罰という表現もみられる[22]——災因論に立っていたとする方が、やはり自然な解釈となろう。

法華経哲学に基づく多元的な災因論と、神罰的な災害の解釈と、いったいどちらが日蓮の真意なのか。私見を述べると、立正安国の思想を適正に扱うには「普遍」と「特殊」という二つの視座から整理していく必要がある。普遍とは哲学的思惟による世界のリアリティの把握、特殊とは所与の文化的背景に則った世界の認識である。言わんとするところは、立正安国思想において『法華経』の真理に根ざした多元的な災因論と特殊的世界観に立つ神罰的表現とを区別すべきとの主張である。[23]

日蓮における多元的な災因論が、色心不二や一念三千の教義など法華経哲学の普遍的真理観に基づくことは、すでに述べた。ゆえにここでは、安国論等にみられる神罰的な表現が、何に由来するのかを明らかにしたい。

じつはこの問題は、仏教の布教のあり方と深くかかわっている。仏教の流伝がおおむね、各地方の土着の神々や習俗等を巧みにとり入れつつ平和的になされたことは、従来多く指摘されてきた。梵天や帝釈天、四天王といった仏法の守護神は、古代インドの神々を仏教が取り入れたものである。日本においても、同じことが起きた。日本への仏教の伝来は六世紀ごろとされる。当初、仏教は神祇祭祀を重視する氏族から強い抵抗を受けた。だが、軋轢《あつれき》を乗り越えて定着するや、仏教は日本の神々をも仏法の守護神として位置づけ、やがて神仏習合と呼ばれる形態を生み出す。いわゆる本地垂迹《すいじゃく》の思想が開花し、日本の神々は仏（本地）が民衆救済のために姿を変えた垂迹身であると説明された。ここに神仏の序列が整備され、仏教的なコスモロジーが成立をみる。娑婆世界の中心には須弥山《しゅみせん》があり、上から順に梵天・帝釈・四天王の住む世界が続き、八幡神などの日本の神祇はそれらの下位に置かれた。この重層的な仏教的コスモロジーは、日本中世の社会で広く共有されたと言われる。

してみれば、日蓮の安国論等にみられる神罰的な表現の数々も、当時の常識的な仏教的コスモロジーに沿った見解であることがわかるであろう。現に日蓮は、諸文書において上述の神仏の序列に言及しながら自論を説いている。「梵天・帝釈等は我等が親父・釈迦如来の御所領をあづかりて正法の僧をやしなうべき者につけられて候、毘沙門等は四天下の主此等が門まほり又四州の王等は毘沙門天が所従なるべし、其の上日本秋津嶋は四州の輪王の所従にも及ばず・但嶋の長なるべし」(『法門申さるべき様の事』[24])。「国主となる事は大小皆梵王帝釈日月四天の御計いなり、法華経の怨敵となり定まり給はば忽に治罰すべきよしを誓い給へり」(『本尊問答抄』[25])。現実世界の根源的な主を教主釈尊とし、梵天・帝釈・四天王等が世界を管轄する中、毘沙門天の家来としての四州の王、そして王の家来にも及ばぬ卑小な存在が日本の国主とされている。

重要なことは、こうした仏教的コスモロジーに基づく主張が、当時の日本社会でかなりの説得力を持ったという点である。日本中世の社会にあって、国家や国土の栄枯盛衰を決定づけるものは、まさしく神仏の力であった[26]。だからこそ日蓮は、為政者に対し、神罰的な表現を用いて仏教的コスモロジーの頂点にいる仏の本意を教えるという方法をとり、立正安国の思想を展開したのである。

現代人からみると、災害と結びつけた彼の他宗批判などは、いかにも迷信的で奇異に感じられよう。しかし、仏教的コスモロジーを信ずる中世の人々には、存外に訴えかけるものがあったに違いない。仏教的コスモロジーは、神仏の共存を通じて、神道と仏教および仏教諸宗派の間の共生を可能にしていた。日蓮の他宗批判はそれを乱す動きとして支配体制から異端視されたのだが、じつのところ、批判の中身は念仏宗などの側こそ神仏の共存を破壊する反調和勢力とする主張であった。この主張自体は仏教的コスモロジーを擁護するので、当時の社会にあっては十分な説得性を備えていた。法華経哲学から導かれる多元的な災因論を抱きつつも、日蓮が神罰説を表に出す災因論を唱えた背景には、かかる事情があったと推察される。

宗教社会学者のP・バーガーによると、日本中世の仏教的コスモロジーのごとく、宗教によって人間社会の規範秩序(nomos)をコスモス化する試みは、世界の信憑性(plausibility)を保持するためであるという。バーガーは、現象学的社会学の立場から、われわれの社会的世界を真実たらしめている相互主観的な機構に着目した。それは社会的な基盤(base)として、世界の「信憑構造(plausibility structure)」になる。ある社会の信憑構造とは、そこに属する人々が疑いなく承認する基本的な思想上の信念と言ってもよかろう。歴史的にみて、種々の社会の信憑構造の構築に多大な影響力を及ぼしてきたのは宗教であった。「宗教は従来、歴史的に最も広範で有効な正当化の手段であった。すべての正当化は社会的に規定された現実を維持する。宗教は、それが実際の社会の不安定な現実構成を究極的実在に結びつけるからこそ、きわめて効果的に正当化を果す」[27]とバーガーは説明する。世俗化した現代の社会では、宗教がかつてほど支配的な力を及ぼすことはない。しかしながら、日蓮が生きた中世日本において、神仏習合化した宗教世界は社会の基盤そのものであった。それゆえ、現代人の目から日蓮の教説を検討する際には、仏教的コスモロジーが中世社会の核心的な信憑構造になっていた、という点への十分な目配りが求められるのである。

ただし、ここで新たに疑問が出てくる。それは、日蓮自身がはたして仏教的コスモロジーを日本社会の特殊な世界観と認識していたのかどうか、ということである。推測の域を出ないが、日蓮に関しては、仏教的コスモロジーの特殊性を自覚していた可能性が高いと思われる。一つの根拠として、『月水御書』と呼ばれる日蓮文書を挙げておきたい。同文書は日蓮の真蹟を欠くものの、古写本の平賀本が存し、江戸期に編纂された『録内御書』にも収録されたことから、日蓮の著作とみなされている。同書の終わりの方に〝日本は神国であり、仏・菩薩の垂迹《すいじゃく》としての神は不思議なものであるが、仏教の経論に合致しないことも多々ある〟との日蓮の見解が示され、さらに〝仏法の中の随方毘尼という戒の法門があり、甚だしい欠陥のないことなら、少々仏教に違っていても、その国の風俗に背かないのがよいと、仏は一つの戒を説かれた〟とも述べられている。[28] 日蓮は、日本の神国思想や本地垂迹説を「其国の風俗」と断じ、本来の仏教とは切り離して考えていた。そして、日本の風俗たる仏教的コスモロジーの世界を尊重しながら仏法を広めようとした。仏法という宇宙的普遍の地平に立ち、中世日本の特殊な宗教的世界を睥睨《へいげい》することなく、むしろ生かそうとする智慧《ちえ》の仏教者の姿が、ここからうかがい知れる。

さらにまた、注意すべきなのが、日蓮思想における「普遍」の意味であろう。日蓮は、天台宗の一念三千論を土台に「事の一念三千」の妙法を唱えた。一念三千の理論の現実化をはかったのであり、日蓮にとっては現実世界を動かす究極的真理が一念三千であった。

日蓮思想における真の普遍は、この一念三千の真理を指すと言えるが、一念三千は玄妙にして定義不可能なものとされる。『摩訶止観』の一念三千を明かす段に「縦に非ず、横に非ず、一に非ず、異に非ず、玄妙深絶にして諸の識る所に非ず、言の言ふ所に非ず、所以に稱して不可思議境と為す」[29]と示され、また『法華玄義』には妙を解釈して「可説を麁と為し、不可説を妙と為す。不可説も亦た不可説なるは是れ妙なり。是の妙も亦た妙なり。言語道断の故に」[30]と論じられる。かくも自由自在で不可思議な普遍の概念は、もはや普遍／特殊という二項対立的な分類にはなじまない。大乗仏教では法がしばしば「虚空」に譬えられるが、一念三千の真理は、強いて言うなら〈姿なき普遍〉なのである。つまり、それは普遍であること自体にもとらわれず、普遍であるも特殊であるも自在である。「普遍即特殊」というあり方がここに帰結される。

そうすると、中世日本の社会が構築した信憑構造である仏教的コスモロジーの特殊性を日蓮が自覚したか否かにかかわらず、彼が仏教的コスモロジーに即して〈姿なき普遍〉の一念三千の世界を見据えていた、ということは少なくとも了解されねばならない。そもそも、仏教的コスモロジーの基盤となった本地垂迹説は、天台教学の本迹論と密接な関連がある。日本の神々が国土を守護し人々に賞罰を与えるといった考え方は、なるほど神話的に聞こえよう。だが、そうした神々の働きを人間の心に自然環境が相応することの表現とするなら、一念三千の真理に通じ、日蓮思想的には特殊に即して普遍をみる意義が生まれる。

一念三千論に基づき、精神と物質が自在に相応するという見方から震災等を考えるのが、日蓮思想の普遍的な災因論ではある。ただ、中世日本の社会に生きた人々にとっては、豊かなリアリティを持った話と言えない。それよりも、仏法上の善悪に応じて国土の守護神の賞罰がある、と説いた方がはるかに説得的だったと言えよう。諸神の怒りによって種々の災難が引き起こされる、といった説明は、日蓮文書の各所に散見される。一念三千論は自然界にも十界の心を認めるから、人間の悪しき心が自然の心に波及して自然界の不調和をもたらし結局は人間自身を苦しめる、とする法華経哲学の道理を〝人間の悪心に対する天神や地神の怒り〟などと表現しても、教えの変質とは言えない。ただ、すでに論じたとおり、日蓮は、日本の神々を自らが生活する土地の風俗として尊重し、その風俗に合わせて仏法を説いたのである。彼が本当に語りたかった一念三千の真理は〈姿なき普遍〉として神々の怒りになることもできた、ということであろう。

5 使命の神義論

さて、少し趣を変えて考察を続けたい。先に論じた多元的な災因論は日蓮思想における普遍的な見解であり、震災の原因の仏教哲学的な解明にあたる。しかしながら、仏教の信仰者、ことに日蓮仏教や浄土教など「救済」を重んずる仏教信者のためには、災因の哲学的説明とは別に、その信仰上の正当化も要請されるであろう。キリスト教の伝統では「神義論」と称され古来、論争を繰り返してきた問題である。

一般的に、神義論とは悪や苦難の存在を許す神の正義を人間が立証する試みを言う。すでに旧約聖書の『ヨブ記』が、義人のヨブに神はなぜ過酷な苦難を与えるのか、との主題を立てている。神義論者が言及する悪には、自然災害による「自然悪（natural evil）」と大量殺人などの「道徳悪（moral evil）」がある。前者の例として一七五五年に発生し死者数万人を数えたポルトガルのリスボン地震、後者の例としては第二次世界大戦でのナチス・ドイツによるホロコーストの大虐殺がよく挙げられる。

震災による悪は自然悪に分類されるわけだが、キリスト教の教会はこれを神の懲罰とすることが多かった。これに対し、リスボン地震についても、多くの教会指導者が神罰的な考え方を示したという。しかし、カントのような啓蒙主義者は地震を自然現象とみる観点を強調した。しかし、神義論は信仰上の苦難の意味を問うものだから、科学的な因果の解明自体が神義論的な回答となることはない。

日蓮思想の問題に立ち返ると、多元的な災因論や人間の自由な変革の強調だけでは、やはり信仰的な意味づけとしては弱いように思われる。また、日蓮には神罰的な論調が目立つが、それらを中世日本の特殊な世界観に合わせた表現とみる限り、信仰の本質から出た神義論とは言えまい。しからば、本質的な意味における苦難の神義論を、日蓮思想は有するのか。答えはしかりである。日蓮には「使命の神義論」とも言うべき、法華経的な神義論があったように見受けられる。

仏教の神義論と言えば、恐らく最初に思いつくのが、輪廻と業の思想に基づく苦難の合理化ではないだろうか。私たちは過去世から現在世へ、現在世から未来世へと、無限に輪廻転生を続けている。そして、現在の境遇は過去世の自分の行為（業）がもたらした報いである。このように説くことで、仏教はいかにも不条理な苦難に合理的根拠を与えてきた。輪廻と業の複合思想は古代インドのウパニシャッド哲学にみられ、仏教がこれを最も合理化した形で展開したといわれる。

現代の知識人の中には、輪廻などインド的な俗信にすぎないとする向きもあるが、輪廻思想の原型である五火二道説はウパニシャッド文献に現れ、王族階級（クシャトリア）の説となっている。また古代ギリシャでも、ピタゴラス派やプラトン等が輪廻転生説を唱えたことが知られる。輪廻転生の観念に東西の哲学的、宗教的な叡智が関与したことは争えず、その正確な起源が不明な点を考えても俗信の類と決めつけるのは早計であろう。

「業の神義論」の難点は、むしろ別のところにある。それは、この神義論が真の倫理性を持たない、という点である。苦しみの原因が過去の自分自身の行いに帰せられるのなら、社会の不平等や自然の暴威について誰かを責め、抗議するのは、むしろ不当なこととなる。しかも、業による自己責任の原則は「かくあるべし」という当為の根拠を持たない。超越的な力によらず、自己の内部ですべてが完結する以上、どうするかは本人の自由であり、本質的に倫理規範にはなじまないのである。

また、輪廻・業の理論は、現在の宿命的な苦しみを現在において転換することを認めない。過去世からの自業自得の果報を受け入れ、未来の生を改善すべく現在をよく生きるのが、人間のなしうるすべてである。もちろん、現在をよく生きることは社会悪の是正や自然災害の軽減につながる。だが、もしそうならなくても、つまり私たちがただ苦難に打ちひしがれていたとしても、それすら合理的に正当化できるのが業の神義論の酷薄さである。仏教の自己責任主義は自己に救いを求めるが、その自己救済すら未来の話でしかない。だから、三世という宗教的な時間性における悪の克服を教えても、今ここにある世俗の空間性において社会悪を根治する術は示せない。さらに、こうした業の輪廻を断ち切って解脱し涅槃の境地を得よ、と説く初期仏教の理想は世俗的空間の放棄に他ならず、いよいよ社会的な悪に無関心となろう。

結局、業の神義論は社会的な積極性を欠くと言わざるをえない。ところが、一切を相即不二とみる大乗仏教の世界観に立つと、様相は劇的に異なってくる。まず自己責任主義であるが、大乗の「自己」は一切の他者と相即して不二であるような自己である。よって自己責任は他者責任となり、あらゆる仏の責任ともなる。仏と明白に区別されながらも、仏と不二なる自己――そのような自己は、不可思議に仏そのものである。業の鉄鎖に縛られた自己が、いまやそのままで救済者とされる。そしてまた、大乗仏教では輪廻の世界と涅槃の世界も真実には不二とみなす。[31] 仏は、涅槃の境地を輪廻の世界に移し、常に衆生を教化し救済してやまない。輪廻の一光景にすぎなかった人間社会がじつは涅槃の理想世界でもあると覚知した時、仏教においても社会悪に対する倫理的当為を問う視界が開けてこよう。

ここに至って、自己の輪廻は悪世における民衆救済という仏の大願を主体的に引き受けるゆえであり、自己の業は取りも直さず仏の使命であるとの観点が生ずる。かかる人生観は、いかなる苦難をも聖なる使命へと転換する。『法華経』法師品に「諸有《もろもろ》の能く　妙法華経を受持する者は　清浄の土を捨てて　衆を愍むが故にここに生まれたるなり」「かくの如き人は　生まれんと欲する所に自在[32]」とあるように、仏と不二なる自己は人々を救うためにわざと苦しみの世界に生まれ、自由自在に輪廻していく。その人は、もはや業に「苦しむ」のではない。自在に業に「苦しむことができる」のである。

かくて『法華経』の信仰では、「業の神義論」が「使命の神義論」となる。『法華経』の物語のハイライトに、悪世末法の時代に妙法を流布し民衆を救済せんと誓う無数の菩薩群が大地から涌き出てくる場面がある。日蓮は、自己自身がこの「地涌《じゆ》の菩薩」の主導者であるとの自覚に立ち、幾度も命に及ぶ迫害を受けながら、仏法による社会の安穏と繁栄を唱え続けた。日蓮にあって、苦難は自己の宿業を通じて仏の使命を果たす場であった。まさしく法華経的な使命の神義論が、日蓮の苦難に信仰上の意味を与えたわけである。

6 「瑞相」としての災害

以上のごとく、『法華経』が「業」を「使命」とみなす思想性を有し、日蓮が法華経的な使命の神義論を歴史の場に持ち込んだことを知る時、私たちは、仏教の側から積極的な復興の思想を考えうるであろう。業の神義論と違って、使命の神義論は災害に建設的な意味を与える。自己の悪業が招く災いは、一転、大菩薩が民衆救済のために願って悪業を引き受ける使命の戦場となる。日蓮は思想の円熟期に入ると、従来の否定的な災難観に加えて正法流布を告げる前兆すなわち「瑞相」として災難を意義づけるに至った。

仏の説法の前には瑞相があるとされ、『法華経』が説かれた時にも序品の六瑞、涌出品の大震動、神力品の十神力の瑞相がみられる。色心不二の視点に立てば、仏法による衆生の心の抜本的変革に際して彼らが住する色法の物理的世界も動かずにはいられない。それが、仏法開示に先立つ地動瑞などの瑞相である。[33]

佐渡流罪中の文永（一二七三）年に日蓮が著した『呵責謗法滅罪抄』では、打ち続く深刻な災難が法華経流布の瑞相であると説かれた。[34] 建治元（一二七五）年作の『瑞相御書』でも、末法には釈尊在世を超える瑞相があるとし、それが正嘉の大地震などであると断じられている。[35] 災難の凶事をもって最高の教えが広まる前兆とするのは、常識的には奇異な話だろう。しかし、日蓮は不幸をそのまま幸福と開く妙法の不可思議を固く信じていた。『大智度論』に「譬えば大薬師の能く毒を以て薬と為すが如し」[36]との一節がある。日蓮は建治二（一二七六）年の書に、この変毒為薬の文を引き、妙なる功力によって「災来るとも変じて幸と為らん」という点を強調している。[37]悪業と使命、凶事と吉事、不幸と幸福——。妙法は無限の自在性によって、一切を対立のままに統一する。日蓮はその妙理を踏まえたからこそ、使命の神義論を説いて災害を肯定的に解釈さえしたのである。

もっとも、そうなると、使命の神義論の倫理性については疑義が生ずることになろう。仏法上の悪はもとより、社会にはびこる道徳悪や自然悪の災害も、使命の契機という意味では正当化されてしまうからである。悪は、必要悪として本質的に肯定される。悪の克服と言っても、それが予定調和的なら真に倫理的とも思えない。

けだし、この種の疑問は、善と悪を二分法的にとらえる思考の産物ではなかろうか。善悪の二分法では、悪の意義を認めれば善とみなすことになり、悪は帰するところ悪でなくなる。これに対し、法華経哲学は善悪の自在観に立つ。『法華玄義』に「因縁和合して善人悪人の異なりあるは、是れ世界なり……雙べて善悪を非するは、是れ第一義なり」[38]と説かれるように、もとより善人でも悪人でもないとみるのが善悪の自在観である。悪が善の契機とすれば、善も悪の契機となり、一切が変化のうちにある。善一色、悪一色の世界などありえず、善と悪は不断に対立し、闘争を続ける。善悪が統一されるのは、自在な変化それ自体においてである。したがって法華経哲学は、あらゆる現象を真理の現れとする一方で、予定調和的な楽観主義はとらない。

善と悪がどこまでも対立する中で、善悪の区別を離れた自由自在の真理を輝かせ、世界をダイナミックな調和へと導いていく。これが法華経哲学の実践である。ナーガールジュナ（龍樹）やクマーラジーヴァ（羅什）、日蓮といった法華経思想家たちの生涯が、いずれも激しい闘争と受難に彩られていたのは、決して偶然の一致とすべきでない。仏教史を振り返ると、かえって観想的な法華経哲学が目につくが、これには瞑想の修行が重視されたことに加え、『法華経』の自在な真理をどうしても固定的にとらえる人間の思考の癖も影響したように思われる。

ともあれ、「立正安国」を唱えて仏教上の悪のみならず道徳悪や自然悪とも対決したのが、日蓮その人であった。彼の使命の神義論は、明らかな倫理性を帯びている。けれども、ここで業の因果はどうなるのだろうか。日蓮とその門下が仏国土建設を願って使命の行動を起こしても、過去世に善因なく悪因多き人々が住む国土は悪国土というのが、業の因果の定めであろう。日蓮も仏教者である以上、この因果応報を否定できない。ただ、彼は『法華経』の真理＝妙法が時間的な因果の鎖から人間を解放し、「即身成仏」せしめることを深く信じていた。『観心本尊抄』では、こう論じている。「釈尊の因行果徳の二法は妙法蓮華経の五字に具足す。我等此の五字を受持すれば自然に彼の因果の功徳を譲り与へたまふ」[39]。

自由自在なる妙法の境地にあっては自己が即ち釈尊でもあり、釈尊の因果の功徳は我が身の因果と重なり合う。そこに不可思議にも、凡身のままの成仏がかなう。十界互具・一念三千という自在観に基づく、日蓮のこうした即身成仏論は、業の因果を否定せずに現世の救済を可能とする思想と言ってもよい。重要なのは、人間は妙法の信仰を通じて宿命から自由になれる、という日蓮の強い確信である。日蓮は、妙法の力による現世的な宿命打破を信ずるゆえに立正安国の理想を掲げ、使命の神義論に生きた。『ヨブ記』のヨブは、人知を超えた神に抗議する自己を最後に悔い改め、やがて神により運命を転換されて幸福と長寿を得る。ところが、日蓮思想における『法華経』の行者は自らが超越者＝仏となって運命をしたがえ、それを個性的な使命に変えてゆく。仏教の自己責任主義に立ち、我が身の不遇を超越者に訴えることもない。それでいて、超越者の他者性を捨てないから救済の信仰もある。主体的かつ敬虔《けいけん》な使命の神義論が、ここに成立するのである。

7　罪と罰

なお、日蓮にみられる使命の神義論と、いわゆる天罰論との関係についても述べておきたい。天罰論とは、自然災害等を超越者が人間に与えた罰とみなす説である。仏教的な業の神義論にしたがうなら、被災もまた過去の業の報いであって超越者が下す天罰とは言えない。だが、歴史上の仏教は土着の神々や天の観念等をとり入れ、天罰的な災害観も説いてきた。日蓮もそうであり、多元的な災因論に立って人間の心が深く関与する災害の局面をとらえ、それを中世日本の神仏が共存する世界像に合わせて神罰的な災因論を示した。日蓮の真意は一念三千論を踏まえた多元的な災因論にあったとみられるが、一切が自在である世界の中で、あえて自然の他者性に着目すれば、災難を罰ととらえることも可能である。そこに、日蓮思想において罰論的な説明を許す素地が見いだされよう。ただし、日蓮の罰論的な災害観を解釈するにあたっては、次の諸点に留意しなければならない。

第一に、日蓮思想は災害の自然現象説や政治的な人災の観点を否定しない。自然界の不調和は、諸行無常の現実であると同時に、自然や人間に具わる十界の心が病む姿でもあり、根源的には仏法の乱れと診断される。諸行無常とみれば自然現象説、自然の心の苦しみと考えれば天災的な響き、人間の心の歪みとすれば人災の見地[40]、一切の根本から考えれば仏法上の問題となり、[41]これらは並存している。したがって、諸行無常の自然現象説や政治的な人災説に立つ限り、日蓮思想の立場からも災害対策の不備等に対する指導者層の社会的責任が問われてよいだろう。

第二に、『立正安国論』で正嘉の大地震等の災難の「一凶」を法然の念仏と断じたように、日蓮は災害の責任をもっぱら仏法指導者に求めた。災難は被災者でなく仏教者の罪であるとした。[42]これについては、古代から中世にかけての日本がまことに仏教的な社会であったことを看過してはならない。先述のごとく、仏教的コスモロジーが社会の信憑構造を得た時代である。日蓮が「十方の貴賤頭を低れ一朝の男女歩を運ぶ[43]」と表現するほど人民に尊崇されていた念仏僧の法然を徹底的に指弾したのは、あたかも現代の私たちが最も有力な世論誘導者の人命軽視を非難するのと似たような観点からであったろう。まさしく、仏教が社会の動向を左右する時代だったわけである。

ちなみに、日蓮と同じく仏教的な社会に生きたにもかかわらず、真言宗の開祖・空海などは、非法の僧尼が国難を招くとの見方に反対し、種々の災難の原因として⑴時の運⑵天の罰⑶業感の三つ、を挙げている。[44]時運は木、火、土、金、水の五行の不調和、天罰は為政者が世間の理に背くことに対する天の罰、業感は悪業の人々が同時に生まれて苦しみの報いを感受することである。森羅万象は即ち仏法なりと説く法華経哲学からみれば、時運、天罰、衆生の業感のいずれも仏法と無関係とする説は到底受け入れられない。[45] ましてや空海は、仏教が支配的だった時代の日本の災難までも仏教僧と無関係と言いたいわけだから、日蓮とは正反対である。そのためであろう、日蓮の高弟・日興の筆とされる『安国論問答』では、この空海説が日蓮の謗法禁断論と対置する形で引用されている。[46]

第三に、先の空海の災因論にもみられるが、日本思想の伝統において「天罰」という言葉を用いる時は、主に為政者に対する天の懲罰を意味することに注意したい。天罰ないし天譴はもともと儒教に由来し、日本では古来「単に為政者に対する譴責」を意味したという。[47] ところが、近代に入るとこれが大衆批判の思想に転化し、関東大震災の折には人民大衆の腐敗堕落に対する天の戒めという論調を帯びた。そうした背景から、今日の私たちも国民全体の反省を焦点として天罰を論じがちだが、日蓮の場合は災害を為政者の誤りに帰せしめる伝統的な天罰論にしたがい、国主の世法上、仏法上の失を責めている。『法蓮抄』に「夫れ天地は国の明鏡なり今此の国に天災地夭あり知るべし国主に失ありと云う事を」等々と述べられるのは、[48] この意である。

では、なぜ人民よりも国主の責任の方が重いのか。一面からみれば、それは国主が社会全体の業とも言える「共業」に最も深くかかわるからであろう。部派のアビダルマ仏教では、他人と共有できる果報をもたらす行為の力を共業と呼び、多くの人々が共通に享受する自然環境（器世間）は共業であるとした。これによって自然災害を論ずると、人々の被災の程度差は個人的な業によるが、皆が災害に苦しむという点は共業に他ならない。すると、災害に対する応答の中心的主体は共業すなわち社会全体の運命を背負うべき国主に帰せられよう。日蓮のごとく、災害を反仏法的な社会風潮に対する現世的な報いとする場合には、なおさら国主の責任が重大となる。儒教的な為政者への天罰説は、こうして仏教的にも承認される。現代日本において、「国主」とは国民である。しかし、国民的な世論の形成に大きな影響力を有するのは、やはり政治家、経済人、マスコミ、知識人等の類であろう。それゆえ、現代の日蓮信奉者が仏教思想の文脈から天罰を論ずる上では、国民大衆の堕落よりも、まず社会の指導階層のあり方を問う姿勢が重要となってくる。

第四に、日蓮思想は自己即他者の視座から他者による罰を認めるのであって、仏教本来の自己責任主義を放棄するものではない。しかも、業を使命に変える法華経的実践を唱えることにより、仏教の自己責任主義につきまとう、冷たい諦観主義も克服している。罪なき善良な人々が、地獄絵さながらの災害に苦しむ――業の神義論はこれを過去世の悪業の報いとするが、現世しか実感できない私たちにはなんとも冷淡な教説に聞こえる。被災者が欲するのは、理不尽な死を強いられた縁者の弔いであり、また生きる希望が湧くような苦難の説明だからである。

日蓮思想が有する使命の神義論は、この願望に真正面から応えうる。法華経の行者は、悪業のために災難に遭うのではない。その人は苦しむ人々を救うために願って災難の地に生まれ、根源的には悪業もないのに被災の業を受けた。[49] 同苦の死もまた慈悲であり、自己即他者の一念三千ゆえに死者もまた生者と共に使命を果たす。[50] 死者は、その死を通じて生者に語りかけ、私たちをより善き生へと導く。一切法即仏法の立場から言えば、こうした見方を広く一般化することもできよう。災害に直面する中、他人を助けたいと自己を犠牲する人、愛する地域の復興に立ち上がる人、彼らは信仰の有無にかかわらず、犠牲者の思いも背負いながら仏の慈悲行を実践している。それゆえ、生死を超えて業を使命に変える意義に連なると言ってよい。かくて使命の神義論は、悪業の報いによる災難の苦しみという罪悪感の呪縛から、仏教信者に限らず万人を救い出す。日蓮思想には、他の宗教思想と比較しても、極めて主体的な罰のとらえ方があるのである。

おわりに

日蓮思想は、多元的な災因論と人間の自由な変革に対する深い信頼に立脚し、娑婆即寂光の法理に基づく積極的な社会参加の思想と、災害に建設的な意味を与える使命の神義論を有する。分けても楽土建設の使命を強調する点は注目され、使命観が元来仏教になじみが薄いことを思うと、震災復興において独特な貢献が期待されると思われる。[51] 日蓮思想に復興の意味を求める人たちは、あくまで特定集団の信憑構造に依拠するにすぎない。しかしながら、その集団が社会全体に開かれたものであるなら、社会に一定の意味の世界を提供していると言っても過言ではない。また、そうした意味世界が複数あって互いに影響しあいながら、社会全体に通ずる基底的な意味が新たに構築される可能性もあろう。[52]

キリスト教は震災などの自然悪を懲罰的にみる傾向にあったが、現代では肯定的にとらえる神学者もいる。宗教多元主義の提唱で著名なJ・ヒック氏がそうであり、自然悪の存在は神が人間を完成させる創造のプロセスに不可欠であるとする。[53] この考え方は、現実の不条理を際立たせるばかりの懲罰論と異なり、被災者に前向きな人生をうながす。だが半面、自然悪の悪性が希薄化し、そうした悲惨を繰り返さないよう努力する姿勢にはつながりにくい。また、災害の死者はもはや前進できず、未来の人間完成の手段か犠牲としての価値しか持たなくなる。

そう考えた時、日蓮思想が震災復興の円満な精神的基盤となりうることが改めて実感されよう。震災などの災難が宇宙根源の真理＝仏法からの逸脱によるとのネガティヴな観点は、自然悪を悪と見定め、人間の自在な心でそれに挑戦する態度を呼び起こす。一方、いかなる災難も民衆救済の使命の場にして偉大な建設の前兆とするポジティヴな観点は、ヒックの神義論以上に前向きで主体的な人間像を描き出す。しかも、法華経哲学の一念三千論が生者と死者を相即させ、犠牲なき復興への前進を保証する。震災を否定的にも肯定的にもみて、生死の区別にもとらわれない。仏教には珍しく、使命を鼓舞して社会に積極的にかかわることを説く。日蓮思想は、かかる多面的かつ円満な思想性において、震災復興に独特な貢献をなすであろう。「宗教と震災復興」という問題に対する新たな視角が、ここに開けてくる。

現下の日蓮系教団を展望すると、こうした思想性を最もよく体現しているのは創価学会ではないだろうか。二〇一一年三月十一日の東日本大震災直後に、主要な日蓮系教団が公表した各種メッセージを比較してみても、そう考えざるをえない。日蓮宗が宗務総長名で三月十六日に出した声明には、犠牲者を追悼する言葉と物心両面にわたる復興支援の決意が述べられている。[54]一方、立正佼成会の庭野日鑛会長は震災当日に早々と声明文を出し、被災者への見舞いと犠牲者の冥福を祈る旨を伝えた後、「このような時こそ、信仰を支えにし、周囲の人々、善き友・サンガと力を合わせ、この困難を乗りこえて頂きたい」と語り、復興への支援を約束した。[55]その他、日蓮正宗も三月十四日付で早瀬日如管長の「お見舞い」を発表し、犠牲者を悼むと共に「被災者の皆様が、このたびの重苦を一日も早く癒され、力強く再起」することを祈るとしている。[56]

見舞いや追悼の言葉は当然として、いずれの教団も苦難を克服して復興に向かう態度を表明していよう。しかしながら、日蓮思想の特徴である、人間の自在性への信仰や社会建設の使命感はいまひとつ明瞭ではない。どちらかと言えば、震災を通じて精神の向上や深化をはかろうとする、仏教一般の考え方に近いようにも思われる。

その点、創価学会の池田大作名誉会長が三月十六日に発したメッセージには、日蓮思想ならではの訴えが随所にみてとれる。被災者への見舞いと同苦の思いから始まる、このメッセージはやがて「災害に遭っても……『心の財』だけは絶対に壊されません」「生命は永遠であり、生死を超えて題目で結ばれています」と人間の心の自在性や生者と死者との不二を示すに至り、「すべてを断固と『変毒為薬』できる」「一段と強く広宣流布を誓願し……この大災難を乗り越え、勝ち越えてまいりたい」「勇気を持て！　希望を持て！」と使命の神義論を高揚する内容に満ちている。実際、こうした指導性の下で、被災地の創価学会員は「冬は必ず春となる[57]」「妙とは蘇生の義なり[58]」などの日蓮の言葉を励みに使命感を持って立ち上がり、打ち沈む人々に明るさと希望を与えていったという。日蓮思想が現実に震災復興の強靭な力となりうることを、創価学会員は自らの行動で証明しようとしている[59]。

稿を閉じる前に、日蓮思想とファンダメンタリズムの問題について一瞥《いちべつ》しておく。日蓮文書の解釈論争をめぐって一九七四年に日蓮正宗と決別し、以後、独立した在家教団として活動する「顕正会」は、東日本大震災後の対応において、そのファンダメンタリズム的な性格を一層浮き彫りにしてみせた。震災直後に開かれた同会の総幹部会の席上、浅井昭衛会長は「地震にも通常の原因によるものと、仏法上の原因すなわち諸天が起こすものとの、二通りがある」と述べ、「今回の巨大地震を仏法の眼で見れば、これまさしく――広布前夜の大罰の時代到来の号鐘」としながら、「諸天の活発なる動きに、もし地上の戦いが遅れたら、何とも大聖人様に申しわけない」などと、会員の奮起をうながした。[60] 日蓮文書の神罰的な記述を持ち出し、東日本大震災は諸天善神が起こした大罰と断じたわけである。浅井氏はその後、「大聖人様は、諸天に申し付けて巨大地震を連発せしめ……すべては日蓮大聖人御一人のご遺徳による」[61] などとし、根本的には日蓮が大震災を起こしたと言うに至っている。

本稿で考察したように、日蓮の神罰的な表現は、中世日本社会の信憑構造である神仏習合の仏教的コスモロジーに配慮したものに他ならなかった。日蓮の震災論の本質は、あくまで究極の真理と言明された一念三千の教義に照らして考えるのが妥当である。そうするならば、本稿で摘示したように、相即論的思考から生まれる多元的な災因論こそ日蓮の本意ということがわかるだろう。ところが、顕正会では震災に一神教的な〈本仏の怒り〉をみようとする。あたかもユダヤ教の怒れる神・ヤーヴェのごとく、日蓮は怒って大震災の罰を下したとする。そのうえで、中世日本の仏教的コスモロジーを、普遍的な仏教の真理と取り違えているのである。

現代社会では、前述のバーガーも述べるとおり、宗教による世界の正当化が後退し、およそ科学的世界観が信憑構造を得ているとみてよい[62]。したがって現代の日蓮信奉者は、特殊を通じて普遍を説いた宗祖の智慧《ちえ》の態度にならい、今は科学的世界観をはじめとする社会の良識を十分尊重して震災論を展開する必要がある。顕正会の思想に欠落しているのは、まさに社会の実情に応じた柔軟自在な智慧である。智慧の欠如は思想の硬直を招き、ついには慈悲の不在に陥る。硬直化したイデオロギーが敵対者への凄惨《せいさん》な暴力を生んだという歴史の教訓を、私たちはゆめゆめ忘れてはならない。

現代人の理性と仏の悟りとの間に認識論的な距離があるとすれば、仏教者がみる世界は二様に映らざるをえない。けれども、法華経哲学は凡夫が即ち仏と通達する。なれば、人間の理性も仏の悟りと不二であり、理性が把握した純粋に自然現象のみの世界も、悟りの眼に映じた宇宙に遍満する自由自在な心の世界も、共に真実なのである。自然科学は「自己」を極力排除した世界像を構成するが、それによって「自己即世界」という仏の知見における「世界」の面を鮮やかに照らし出してくれる。また、その「世界」が、仏の「自己即世界」と異なるわけでもない。かように相即不二の妙を考える日蓮信奉者ならば、科学的な災因論を真に承認できるはずであろう。

注

1『サンガジャパン　Vol.6』巻頭グラビア記事（株式会社サンガ、二〇一一年七月）。

2「東日本大震災と仏教者　『教団アンケート』から」（『中外日報』二〇一一年九月二四日付）。
3　A・スマナサーラ「東日本大震災で被災された皆さまへ」（前掲書『サンガジャパン　Vol.6』六〜九頁）。
4　この点について、絶対の受動からは絶対の能動が出てくるのではないか、といった意見もあろう。けれども、少なくとも民衆のエートスとして、そのようにうがった解釈が成り立つとは考えられない。歴史的に見ても、諸行無常の人生観は庶民の現状追従に根拠を与えたと見受けられる。
5『新訂増補国史大系　吾妻鏡第四』吉川弘文館、一九七二年、六四八頁。
6　堀日亨編『日蓮大聖人御書全集』（以下、『御書全集』と略記）創価学会、一九五二年、三三二頁。立正大学日蓮教学研究所編『昭和定本 日蓮聖人遺文』（以下、『昭和定本』と略記）身延山久遠寺、二〇〇〇年改訂増補版、二二二六頁。
7　こうした日蓮の仏教理解については、『報恩抄』（『御書全集』三二六〜三二七頁、『昭和定本』一二四五頁）や『十章抄』（『御書全集一二七四〜一二七五頁、『昭和定本』四九〇〜四九一頁）等を参照。
8　坂本幸男・岩本裕訳注『法華経（下）』岩波文庫、一九七六年改版、三三一頁。
9『末燈抄』（『定本親鸞聖人全集』第三巻、法蔵館、一九七三年、七四頁）。

10　吉田久一、長谷川匡俊『日本仏教福祉思想史』法蔵館、二〇〇一年、五八、六三頁。
11『小乗大乗分別抄』(『御書全集』五二二頁、『昭和定本』七七二頁)。

12『白米一俵御書』(『御書全集』一五九七頁)、『事理供養御書』(『昭和定本』一二六三頁)。

13『御書全集』三八四頁、『昭和定本』四三一頁。

14『富木入道殿御返事』(『御書全集』九五五頁、『昭和定本』五一六頁)。

15『報恩抄』(『御書全集』三二九頁、『昭和定本』一二四九頁)。

16『四条金吾釈迦仏供養事』(『御書全集』一一四六頁、『昭和定本』一一八五頁)。

17『阿仏房御書』(『御書全集』一三〇四頁、一一四五頁)。

18『白米一俵御書』(『御書全集』一五九七頁、『昭和定本』一二六三頁)。

19『御書全集』一三九八頁、『昭和定本』一八〇三、一八〇四頁。
20　大乗仏教の自由自在は不自由を嫌わない。かつて筆者は、不自由と対立する近代的な自由観に対し、法華経的な「生かす自由」の意義を論じた。詳細は拙著『法華経の社会哲学』(論創社、二〇一〇年、二〇〇～二〇三、二二一～二二五頁)を参照されたい。
21　現代の日蓮信奉者である創価学会の池田大作名誉会長が、小説『人間革命』の中で、池田の師・戸田城聖・第二代会長の興味深い発言を記している。それによると、ある人が〝仏法流布の暁には火山の噴火などもなくなるのか〟とたずねたことに対し、戸田は「山も成・住・壊・空という四劫を繰り返しているのだから、その生成過程で噴火を起こすことはなくなりはしないだろう。しかし、たとえ、噴火を起こしたとしても、それによって、民衆が苦しむという事態を、避けることはできるはずだ」と答えたという（池田大作『人間革命』第十二巻、聖教新聞社、一九九三年、一一頁）。ここにみられるように、人々が仏法を信ずるならば、心本来の自在性を得て、いかなる環境とも調和できるはずだ、という考え方が日蓮思想にはある。

22「実教の守護神の梵釈・日月・四天等・其の国を罰する故に先代未聞の三災・七難起るべし、所謂去今年・去ぬる正嘉等の疫病等なり」（『治病大小権実違目』〔『御書全集』九九七頁〕、『富木入道殿御返事』〔『昭和定本』一五一九〜一五二〇頁〕）。

23 筆者の言う「立正安国思想」は、文応元（一二六〇）年筆『立正安国論』の思想内容に限定されるのではなく、日蓮が生涯を通して訴えた「立正安国」の思想全体を指している。また、文応元年の『立正安国論』に『法華経』の真理に基づく普遍的な災害観が暗に含意されたであろうことは、同論の前年に著された『守護国家論』の中で『法華経』寿量品の文々句々を引用して「法華経修行の者の所住の処を浄土と思う可し何ぞ煩しく他処を求めんや」（『御書全集』七二頁、『昭和定本』一二九頁）などと説かれるところからも了解される。

24『御書全集』一二六八頁、『昭和定本』四四八頁。

25『御書全集』三七三頁、『昭和定本』一五八五頁。

26 日本思想史学の佐藤弘夫氏は『神国日本』（ちくま新書、二〇〇六年）において次のように記し、仏教的コスモロジーが中世の人々にとって所与の前提であったことを力説している。「中世は神仏の時代であった。この世界の根源にあって、現実世界を動かしているのは人間の力を超えた神仏の働きであると考えられていた。そうした観念が社会に共有されている状況では、天皇や王権を支えるもっとも重要な要素は神仏の助力であると信じられることになった」「中世人にとって神仏の存在は所与の前提だった。その実在を疑う人はだれもいなかった。この世界をもっとも根源の次元で動かしているのは神仏だった。したがって、現実社会の流れを変えようと思うならば、まず神仏の力を動員することが不可欠と信じられていたのである」（同書一三三、一四八頁）。

27 P・バーガー、薗田稔訳『聖なる天蓋』新曜社、一九七九年、四八頁。

28 『御書全集』一二〇二頁、『昭和定本』二九二頁。

29 『摩訶止観』田村徳海訳（『国訳一切経』諸宗部三、大東出版社、二〇〇五年改訂六刷、一六六頁）。

30 『法華玄義』中里貞隆訳（『国訳一切経』経疏部一、大東出版社、一九九〇年改訂四刷、七五頁）。

31 ナーガールジュナ（龍樹）作とされる『中論』に、「輪廻（生死の世界）には、ニルヴァーナと、どのような区別も存在しない」（三枝充悳訳『中論』レグルス文庫、一九八四年、七〇一頁）と記されている。

32 坂本幸男・岩本裕訳注『法華経（中）』岩波文庫、一九六四年、一四八頁。

33 この考え方を示した日蓮の文言として、『瑞相御書』の「大地の動ずる事は人の六根の動くによる、人の六根の動きの大小によつて大地の六種も高下あり、爾前の経経には一切衆生煩悩をやぶるやうなれども実にはやぶらず、今法華経は元品の無明をやぶるゆへに大動あり」（『御書全集』一一四一頁、『昭和定本』八七五頁）を挙げることができる。

34　『御書全集』一一二九〜一一三〇頁、『昭和定本』七八六〜七八七頁。

35　『御書全集』一一四一〜一一四二頁、『昭和定本』八七五頁。

36　「譬如大薬師能以毒爲藥」（『大正新修大蔵経』第二五巻、七五四b）。

37　『道場神守護事』（『御書全集』九七九頁、『昭和定本』一二七四頁）。

38　『国訳一切経』経疏部一、一八頁。ただし、引用箇所は天台智顗の説ではなく章安灌頂の私釈にあたる。

39　『御書全集』二四六頁、『昭和定本』七一一頁。

40　筆者が言う「人災」には、人間社会に蔓延する悪心が自然の心に通じて災害を起こすという道義的人災と、災害対策上の無知や人命軽視の政策等が本来防げるはずの災害を発生させるという政治的人災との両面が含まれている。

41　日蓮は、災害が仏法に対する直接的誹謗だけでなく、自然界における仏法の力の不調和や仏法の慈悲の精神に反した為政者の悪政の反映などによっても引き起こされると考えた。要するに、何事においても本源的な次元で仏法への背反をみる思考なのである。たとえば、日蓮が『災難対治抄』に「仏法已前の三皇五帝は五常を以て国を治む夏《か》の桀《けつ》・殷《いん》の紂《ちゅう》・周《しゅう》の幽《ゆう》等の礼義を破りて国を喪すは遠く仏誓の持破に当れり」（『御書全集』八四頁、『昭和定本』一六九頁）と述べ、道徳規範（礼義）の頽廃は仏教上の破戒に通ずるゆえに国が滅ぶ、とするごとくである。

42　しかしながら、災難がよこしまな仏教者の罪に帰せられるならば、罪なき一般人が被災者となり、また罪ある仏教者が災難を免れることもあるのはなぜか、との問いが投げかけられてもおかしくはない。日蓮は、この問題に「業力不定」――業の果報の受け方に種々の違いがある――という観点から解決を与えようとする。『災難対治抄』に、次のような記述がみられる。「疑つて云く若し爾らば何ぞ選択集を信ずる謗法者の中に此の難に値わざる者之有りや、答えて曰く業力不定なり順現業は法華経に云く此の人現世に白癩の病乃至諸の悪重病を得んと、仁王経に云く『人仏教を壊らば復孝子無く六親不和にして天神祐けず疾疫悪鬼日に来りて侵害し災怪首尾し連禍せん』と、涅槃経に云く『若し是の経典を信ぜざる者有らば若は臨終の時或は荒乱に値い刀兵競い起り帝王の暴虐・怨家の讎隙に侵逼せられん』〔已上〕、順次生業は法華経に云く『若し人信ぜずして此の経を毀謗せば其の人命終して阿鼻獄に入らん』と、仁王経に云く『人仏教を壊らば死して地獄餓鬼畜生に入らん』〔已上〕、順後業等は之を略す」（『御書全集』八五頁、『昭和定本』一七〇頁）。日蓮はここで、『倶舎論』に説かれる「三時業」の理論を用いて解明を試みる。すなわち、善悪の業報の受け方には、(1)現世に業報を受ける順現業(2)来世に業報を受ける順次生業(3)三回目以降の生で業報を受ける順後業などがある。それゆえ、正法を謗る者には必ず破仏法の罪の報いがあるものの、順現業以外は現世にそれが現れないとするのである。

43 『御書全集』二四頁、『昭和定本』二二七頁。

44 『秘蔵宝鑰』（『弘法大師空海全集』第二巻、筑摩書房、一九八三年、六八～六九頁）。

45 日興の末弟にあたる江戸期の大石寺日寛は、『安国論愚記』の中で、空海の災因論を部分的に取り上げながら、天罰や業感には結局仏法に背く意義があると論じている（『日寛上人文段集』聖教新聞社、一九八〇年、五六頁）。

46『安国論問答』(『日蓮正宗歴代法主全書』第一巻、大石寺、一九七二年、六～七頁。同書の正本は大石寺にあり、日興自筆と伝えられるが、日蓮と日興の注釈が混在する可能性が指摘されるなど、いまだ不明な点が多い。なお、日蓮の抄録や記述を書写したとされる同書が日興の正筆とすれば、そこで空海の『秘蔵宝鑰』中の災因論を扱うことから、日蓮が空海の災害観を意識しながら立正安国思想を練り上げていった様相も浮かび上がってくる。

47 廣井脩『災害と日本人　巨大地震の社会心理』時事通信社、一九九五年、十頁。

48『御書全集』一〇五三頁、『昭和定本』九五五頁。

49 この救済者の自覚をあくまで凡夫の側からみる時、それはまた悪業の軽減と消滅を意味していよう。日蓮思想では、このことが「転重軽受」として説明されている。「涅槃経に転重軽受と申す法門あり、先業の重き今生につきずして未来に地獄の苦を受くべきが今生にかかる重苦に値い候へば地獄の苦みぱつときへて死に候へば人天三乗一乗の益をうる事の候、不軽菩薩の悪口罵詈せられ杖木瓦礫をかほるもゆへなきにはあらず過去の誹謗正法のゆへかとみへて其罪畢已と説れて候は不軽菩薩の難に値うゆへに過去の罪の滅するかとみへはんべり」(『転重軽受法門』、『御書全集』一〇〇〇頁、『昭和定本』五〇七頁)。

50 一念三千の世界において、死者は生者と相即不二ゆえに災害復興の主体者たりうる。日蓮が説く来世は、キリスト教の天国と違って現世と連続性を持つ点が承認されねばならない。ことに自由自在の仏の境地を得た死者は、私たちの現世に再び生ずることも自在なはずであろう。そうした意味から、法華経的な使命の神義論は常に犠牲なき神義論である。

51　吉田久一氏は、前掲書『日本仏教福祉思想史』の中で日蓮の福祉思想の一特徴に「『法華経』の行者、具体的には本化地涌の菩薩という使命観」があると述べ、こうした使命観は仏教思想とはなじみが薄いが日本福祉思想を考える際のポイントの一つであると記している（同書六七、六八頁）。

52　この際、最も影響力を持つ意味世界は、あらゆる意味世界に通底する基底的な意味に迫るものに違いない。人間自身の力を信頼し、なおかつ多元的な物の見方を支持する日蓮思想は、そのような基底的意味を強く志向している。複数の意味づけが絡み合う現代の民主社会にあって、日蓮思想は社会の紐帯となるべき基底的な意味の形成に主導的な役割を果たしうると思う。

53　J・ヒック「エイレナイオス型神義論」（S・デイビス編、本多峰子訳『神は悪の問題に答えられるか――神義論をめぐる五つの答え』教文館、二〇〇二年、一一六頁）。

54『日蓮宗新聞』第二〇六九号、二〇一一年三月二〇日付、一面。

55『佼成新聞』第二五一二号、二〇一一年三月二〇日付、一面。

56『大日蓮』第七八二号、二〇一一年四月、四頁。

57『妙一尼御前御消息』（『御書全集』一二五三頁、『昭和定本』一〇〇〇頁）。

58『法華経題目抄』（『御書全集』九四七頁、『昭和定本』四〇二頁）。

59　このことを具体的に知るうえでは、「潮」編集部編『東日本大震災――創価学会はどう動いたか』（潮出版社、二〇一一年）が参考となる。

60『顕正新聞』第一二〇二号、二〇一一年四月五日付、二、三面。

61 『顕正新聞』第一二二三号、二〇一一年一一月五日付、三面。

62 バーガーは前掲書『聖なる天蓋』の中で、人間社会を世界そのものに同一化する「コスモス化」について「とくに現代では、徹底して世俗的なコスモス化の試みもあって、そこでは現代科学がはるかにずっと重要なのである」（同書四一頁）と述べ、科学的世界観が宗教的世界観に取って代わった現代社会の実情を指摘している。近代西欧が歩んだ世俗化のプロセスにおいて宗教の信憑性は危機に瀕し、「宗教はもはや〈世界〉を正当化しない」「宗教的伝統は社会全体をおおうシンボルとしての性格を失ってしまった」（同書二三三頁）とみるのが、バーガーの理解である。

〔著者略歴〕

吉岡 斉（よしおか・ひとし）
一九五三年富山県生まれ。九州大学副学長、同大学大学院比較社会文化研究院教授。東京大学理学部卒業。同大学大学院理学系研究科博士課程単位取得退学。政府の福島原発事故調査・検証委員を務めた。著作に『新版 原子力の社会史』（朝日選書）、『脱原子力国家への道』（岩波新書）ほか。

中島岳志（なかじま・たけし）
一九七五年大阪府生まれ。北海道大学公共政策大学院准教授。東日本国際大学客員教授。大阪外国語大学ヒンディ語専攻卒業。京都大学大学院アジア・アフリカ地域研究科博士課程修了。博士。著書に『ヒンドゥー・ナショナリズム』（中公新書ラクレ）、『中村屋のボース』（白水社、〇五年大佛次郎論壇賞受賞）ほか多数。

遠藤勝也（えんどう・かつや）
一九三九年福島県富岡町生まれ。富岡町長。東京農業大学農学部卒業。福島県職員、家業（セメント工場・農業）を継ぐ。富岡町議会議員（三期）、富岡町社会福祉協議会会長、福島県原子力所在町協議会会長、双葉地方電源地域政策協議会会長など役職を兼務。

片岡 龍（かたおか・りゅう）
一九六五年広島県生まれ。東北大学大学院文学研究科准教授。東日本国際大学客員教授。早稲田大学文学部卒業。早稲田大学大学院文学研究科博士課程単位取得退学。編著に『日本思想史ハンドブック』（新書館）、『伊藤仁斎―天下公共の道を講究した文人学者』（「公共する人間」1 東京大学出版会）ほか。

福迫昌之（ふくさこ・まさゆき）
一九六七年福島県いわき市生まれ。東日本国際大学経済情報学部長・教授（兼）地域経済・福祉研究所所長。慶應義塾大学商学部卒業。同大学大学院社会学研究科社会学専攻修士課程修了。社会学修士。いわき市地域情報化研究会委員、新・いわき市総合計画基本計画専門委員会委員長など、いわき市の複数の役職を兼務。

先崎彰容（せんざき・あきなか）
一九七五年東京生まれ。東日本国際大学東洋思想研究所特任准教授。東京大学文学部卒業。東北大学大学院日本思想史博士課程単位取得退学。博士。著書に『個人主義から〈自分らしさ〉へ——福沢諭吉・高山樗牛・和辻哲郎の「近代」体験』（東北大学出版会）、『高山樗牛　美とナショナリズム』（論創社）、『ナショナリズムの復権』（ちくま新書）がある。

木村政昭（きむら・まさあき）
一九四〇年横浜市生まれ。琉球大学名誉教授。NPO法人海底遺跡研究会理事長。東京大学理学系大学院博士課程修了。通産省（現・経産省）工業技術院地質調査所、米国コロンビア大学ラモント・ドハティ地球科学研究所を経て琉球大学理学部勤務。著書に『噴火と大地震』（東京大学出版会）、『大地震の前兆をとらえた！』（第三文明社）、『東海地震も関東大地震も起きない！』（宝島社）など多数。

松本健一（まつもと・けんいち）
一九四六年群馬県生まれ。京都造形大学文明哲学研究所座長。麗澤大学教授。東日本国際大学客員教授。一般財団法人アジア総合研究機構評議員議長。東京大学経済学部卒業。一九九五年『近代アジア精神史の試み』（岩波現代文庫）でアジア太平洋賞、九八年『日本の近代　第一巻　開国・維新』（中公文庫）で吉田茂賞、二〇〇五年『評伝 北一輝』（全五巻、岩波書店）で司馬遼太郎賞・毎日出版文化賞を同時受賞。『海岸線は語る　東日本大震災のあとで』（ミシマ社）ほか著書多数。

末木文美士（すえき・ふみひこ）

一九四九年山梨県生まれ。東京大学大学院人文科学研究科博士課程修了。同大学大学院人文社会系研究科教授を経て、現在、国際日本文化研究センター教授。仏教学専攻。著書に『日本仏教史—思想史としてのアプローチ』（新潮社）、『日本仏教思想史論考』（大蔵出版）、『仏教—言葉の思想史』（岩波書店）、『鎌倉仏教形成論』（法蔵館）、『思想としての仏教入門』『鎌倉仏教展開論』（以上、トランスビュー）、『増補　日蓮入門』『反・仏教論』（以上、ちくま学芸文庫）など。

松岡幹夫（まつおか・みきお）

一九六二年長崎県生まれ。東日本国際大学客員教授。同大学東洋思想研究所所長。創価大学教育学部卒業。東京大学大学院総合文化研究科博士課程修了。博士（学術）。公益財団法人・東洋哲学研究所研究員。著書に『日蓮仏教の社会思想的展開』（東京大学出版会）、『現代思想としての日蓮』（長崎出版）、『法華経の社会哲学』『京都学派とエコロジー』（共に論創社）、『超訳　日蓮のことば』（柏書房）などがある。

いわきから問う　東日本大震災――フクシマの復興と日本の将来

2013年6月22日　初版第1刷発行

編　者　東日本国際大学東洋思想研究所
発行所　昌平黌出版会
〒970-8023 福島県いわき市平鎌田字寿金沢37
tel. 0246（21）1662　fax. 0246（41）7006
発売所　論 創 社
〒101-0051 東京都千代田区神田神保町2-23　北井ビル
tel. 03（3264）5254　fax. 03（3264）5232　web. http://www.ronso.co.jp/
振替口座　00160-1-155266
印刷・製本／中央精版印刷　装幀／宗利淳一＋田中奈緒子
ISBN978-4-8460-1242-7　